新编学修新款
电动自行车与三轮车
（第3版）

洛阳市绿盟电动车维修培训学校　组　编
刘伟豪　主　编
刘遂俊　副主编

电子工业出版社
Publishing House of Electronics Industry
北京·BEIJING

内 容 简 介

本书根据读者的阅读习惯和行业特点,采用图解+扫码看视频的形式,系统介绍了电动车自行车、电动三轮车整车及关键部件的结构组成、工作原理、常见故障和检修方法。书中还介绍了维修所需的工具及仪表的使用方法。最后,本书还列举了各种车型常见故障与维修方法,供维修人员日常维修时对照参考。

本书内容新颖,编写时注重维修技能的锻炼,配有大量维修实物照片和微视频,并标有文字说明,突出实用性和可操作性,适合维修人员、售后服务人员、职业培训学校师生阅读学习。

未经许可,不得以任何方式复制或抄袭本书之部分或全部内容。
版权所有,侵权必究。

图书在版编目(CIP)数据

新编学修新款电动自行车与三轮车 / 刘伟豪主编. —3 版. —北京:电子工业出版社,2022.8
ISBN 978-7-121-44032-8

Ⅰ. ①新… Ⅱ. ①刘… Ⅲ. ①电动自行车－维修②电动控制－机动三轮车－维修 Ⅳ. ①U484.07 ②U489.07

中国版本图书馆 CIP 数据核字(2022)第 133455 号

责任编辑:夏平飞
印　　刷:北京雁林吉兆印刷有限公司
装　　订:北京雁林吉兆印刷有限公司
出版发行:电子工业出版社
　　　　　北京市海淀区万寿路 173 信箱　邮编:100036
开　　本:787×1 092　1/16　印张:14　字数:358.4 千字
版　　次:2013 年 8 月第 1 版
　　　　　2022 年 8 月第 3 版
印　　次:2025 年 6 月第 8 次印刷
定　　价:59.00 元

凡所购买电子工业出版社图书有缺损问题,请向购买书店调换。若书店售缺,请与本社发行部联系,联系及邮购电话:(010)88254888,88258888。
质量投诉请发邮件至 zlts@phei.com.cn,盗版侵权举报请发邮件至 dbqq@phei.com.cn。
本书咨询联系方式:(010)88254498。

前　言

电动自行车自 1995 年在清华大学问世至今，发展迅猛。2004 年 5 月 1 日，《中华人民共和国道路交通安全法》实施，电动自行车强制性国家标准《电动自行车安全技术规范》（GB 17761—2018）于 2019 年 4 月 15 日起实施。这些法规的实施，引导并规范着我国电动自行车行业高质量发展，电动自行车行业出现产销两旺的良好势头。

目前，电动自行车作为人们日常出行的必备交通工具，已经在我国城乡普及。而且它的延伸产品——电动摩托车、电动三轮车也有很大保有量。电动自行车技术的发展，对广大维修人员技术水平提出了更高的要求。维修人员急需电动自行车维修方面的新资料，亟待解决实际维修中的新问题。为此，作者立足于国内电动自行车技术前沿，紧跟电动自行车技术的最新发展，编写了本书。

本书在内容组织上，首先就电动自行车的结构组成、接线方法、常见故障、故障分析及维修方法等一系列问题，结合实际维修经验，给出维修思路；然后通过对电动自行车及各部件的拆解、检测、维修等一系列操作演示，让读者形成规范的维修方法，使其能够针对不同的故障，独立完成对故障的诊断和维修。

本书在编写形式上，由浅入深，以"结构组成—接线方法—常见故障—维修方法"的形式展现，让读者可以跟着学、跟着练，力求在训练的过程中领悟原理、掌握技能。

本书在内容表达上，化繁为简，图文和视频结合，力求突出实用性、可操作性，将电动自行车的结构、原理、接线方法、故障分析与维修等一系列知识点和技能融合在实际维修操作过程中。通过阅读本书，读者能很快掌握电动自行车的维修方法和维修技能，使维修工作变得简单和轻松。

需要说明的是，由于维修电动自行车时使用数字万用表比较方便，因而本书只对数字万用表进行介绍，书中所测的数据，如果不做特殊说明，均为 DT9205A 数字万用表所测结果。考虑到维修行业的特殊性，为了便于读者在实际维修时对照参考，本书中采用了理论值和实测值两种说法。另外，本书中的部分图形符号和文字符号因采用厂家资料，并未按照国家标准做统一修改，请读者阅读时注意。

本书是作者多年从事电动自行车维修及教学的实际经验总结，希望读者通过本书的阅读，开阔眼界，增长经验，提高技能。

本书由洛阳市绿盟电动车维修培训学校组织编写，刘伟豪任主编，刘遂俊任副主编。参加本书编写的人员还有马利霞、刘伟杰、刘香原等。另外，书中仪器和相关技术资料由洛阳市绿盟电动车维修培训学校提供，在此表示感谢。

联系电话：15824994061，15137123878。

编　者

作 者 简 介

刘伟豪，现就读于郑州外国语学校，小学阶段曾担任《洛阳晚报》《大河报》小记者，先后在《洛阳晚报》发表20余篇文章。2021年，《神州大地，这边风景独好》一文在第十六届全国青少年冰心文学活动省级预选中荣获二等奖。业余时间积极开展电脑、电器、电动车维修实践活动，并于洛阳市绿盟电动车维修培训学校进行教学和管理工作、参与专利研发。在写作方面有扎实的基础，参与编写和出版的图书有《电动自行车/三轮车故障诊断与排除实例精解》《一步到位精修电动车充电器与控制器》《图解电动自行车/三轮车维修从入门到精通》《电动自行车/代步车维修从入门到精通》等。

刘遂俊，洛阳市绿盟电动车维修培训学校校长，洛阳市绿盟电子科技开发中心主任，曾任技校教师。从事电动车、电子电器、计算机教学及维修实践工作20余年，既有扎实的理论基础，又有丰富的实践经验，荣获"模范教师"称号。开发研制的"绿盟"牌LY系列蓄电池修复仪、太阳能充电器、LM系列电动车充电站获多项国家专利。编著有50多本电动车维修书籍，以实用、结合实际而著称。其中《电动自行车四大件维修速成》一书获"2008年度全行业优秀畅销书奖"。

扫码看视频

目　录

第一章　电动自行车的基本结构 1
第一节　电动自行车概述 1
第二节　电动自行车的种类、型号编制 5
第三节　电动自行车的组成与结构 7
第四节　电动自行车的附属部件 11

第二章　电动自行车的维修准备 29
第一节　电动自行车所需维修工具 29
第二节　熟练使用电动自行车维修仪表 43
第三节　电子电路基础知识 61
第四节　元器件的拆卸及焊接技巧 64

第三章　电动机的拆装和检修技巧 69
第一节　电动自行车用电动机的种类及参数 69
第二节　电动机的结构 72
第三节　电动机的工作原理 75
第四节　电动机与控制器的接线 76
第五节　电动机的拆装与保养技巧 79
第六节　电动机的故障诊断与检修 82

第四章　控制器的结构、工作原理与故障维修技巧 92
第一节　了解控制器种类特点 92
第二节　有刷电动机控制器的结构、工作原理和接线方法 98
第三节　无刷电动机控制器的结构、工作原理和接线方法 103
第四节　控制器的常见故障诊断技巧 106

第五章　充电器的结构、工作原理与故障维修技巧 110
第一节　铅酸蓄电池充电器的种类 110
第二节　充电器的结构和工作原理 111
第三节　充电器的正确使用与选用原则 112
第四节　充电器的参数及代换原则 113
第五节　充电器的故障诊断与维修 116

第六章　铅酸蓄电池的结构、工作原理与故障维修技巧 125
第一节　电动自行车常用蓄电池的种类 125
第二节　铅酸蓄电池的结构与工作原理 126
第三节　铅酸蓄电池的性能指标 128
第四节　电动自行车用铅酸蓄电池的规格型号 129

第五节　铅酸蓄电池的检测与更换 ·· 130
　　第六节　蓄电池的选择、使用和保养 ·· 133
　　第七节　铅酸蓄电池的故障与维修 ··· 135

第七章　铅酸蓄电池脉冲修复技术 ··· 144
　　第一节　铅酸蓄电池修复概述 ·· 144
　　第二节　铅酸蓄电池检测和修复仪器 ·· 148
　　第三节　铅酸蓄电池的修复技巧 ··· 158
　　第四节　铅酸蓄电池高效修复剂 ··· 164

第八章　锂离子蓄电池 ··· 166
　　第一节　锂离子蓄电池概述 ··· 166
　　第二节　锂离子蓄电池的构造和工作原理 ·· 169
　　第三节　锂离子蓄电池组及充电方法 ·· 170
　　第四节　锂离子蓄电池电动车及其维修 ··· 173

第九章　电动三轮车、四轮车的故障维修技巧 ··· 175
　　第一节　电动三轮车、四轮车的使用与保养 ·· 175
　　第二节　电动三轮车、四轮车的类型及参数 ·· 177
　　第三节　牵引型铅酸蓄电池的使用与保养 ··· 178
　　第四节　货运电动三轮车及串励电动机的故障维修 ······························ 180

第十章　电动自行车故障检修技巧和维修案例 ··· 185
　　第一节　电动自行车检修步骤和常用方法 ··· 185
　　第二节　电动自行车电气部件故障的快速检测技巧 ······························ 189
　　第三节　电动自行车常见故障的检修方法 ··· 192
　　第四节　电动自行车故障维修案例 ··· 204

附录A　豪华型电动自行车线路图 ··· 208
附录B　仪表面板与外部接线图（1）·· 209
附录C　仪表面板与外部接线图（2）·· 210
附录D　千鹤TDL230Z型电动自行车整车电气接线图 ····························· 211
附录E　轻摩款整车线束图（1）·· 212
附录F　轻摩款整车线束图（2）·· 213
附录G　老年系列电动三轮车电路图 ··· 214
附录H　电动三轮车电路图 ·· 215
附录I　电动自行车常用维修工具和配件表 ··· 216

第一章

电动自行车的基本结构

 阅读提示

本章主要介绍电动自行车发展史和电动自行车的结构。为了便于维修人员快速入门,本章还介绍了电动自行车机械部件、电子部件及仪表的结构、工作原理及维修方法。阅读本章后,维修人员可以了解电动自行车四大件和附属部件结构、工作原理及维修方法,对掌握电动自行车维修技术有很大帮助。

第一节　电动自行车概述

一、电动自行车

电动自行车是"以蓄电池作为辅助能源,具有两个车轮,能实现人力骑行、电动或电助动力的特种自行车"。以动力电池为能源、依靠电动机拖动是电动自行车与普通自行车的本质区别。如图 1-1 所示为几款常见的电动自行车。

图 1-1　电动自行车

电动自行车是一种新型节能、绿色环保的交通工具。它以蓄电池为动力来源,通过控制器、转把使电动机旋转,驱动电动自行车的车轮转动,达到行驶的目的。电动自行车除保留了自行车轻便、灵活、安全等特点外,还具有零排放、低噪声、低能耗、易骑等优点。

电动自行车强制性国家标准《电动自行车安全技术规范》(GB 17761—2018)规定如下:

(1) 具有脚踏骑行能力。

(2) 具有电驱动或/和电助动功能。电驱动行驶时，最高设计车速不超过 25km/h；电助动行驶时，车速超过 25km/h，电动机不得提供动力输出。

(3) 装配完整的电动自行车的整车质量小于或等于 55kg。

(4) 蓄电池标称电压小于或等于 48V。

(5) 电动机额定连续输出功率小于或等于 400W。

电动自行车技术是综合机械、电子、电动机、电化学、微电脑控制等多学科的系统技术，电动自行车是一种高科技产品。

随着科技的发展，电动自行车以其优越的性能、过硬的质量、多样化的外形，在我国掀起了一股热潮，越来越受到人们的欢迎。

电动自行车之所以能够成为未来车辆发展的方向，是因为它具有以下 6 个无可替代的特点。

(1) 采用高能蓄电池、电动机驱动，维护方便。

(2) 无废气排放，无机油、冷却剂等污染物。

(3) 减速时，驱动能量"再生"，转化为电能并存入蓄电池。

(4) 宁静行驶，无噪声。

(5) 耗能成本低，节能环保。

(6) 除了定期更换蓄电池，不需保养，使用寿命要比常规燃油车长。

二、电动自行车的发展史

1. 电动自行车技术的发展过程

据介绍，电动自行车自 20 世纪 70 年代就开始研制，但早期的电动自行车仅仅是自行车、电动机、蓄电池简单叠加的"电瓶车"。受到当时电动机、蓄电池性能的限制，难以满足人们出行的基本要求。

随着直流电动机和蓄电池制造技术的进步及工艺的改善，特别是磁学性能优良的稀土材料（钕硼）在直流电动机上的广泛应用，直流电动机的性能大幅提高。普通铅酸蓄电池经特殊处理及优化配方，体积进一步缩小，质量也有所减轻，并且可以全密封免维护，反复充放电达 400 余次。因此，真正意义上的电动自行车才推向市场，在 20 世纪 90 年代实现了商品化生产。

早期电动自行车使用的普通铅酸蓄电池内部就是铅和稀硫酸，长时间停用蓄电池内部电极会迅速钝化，使用者即使在停用时也要定期充、放电保养；同时也不密封，要求使用者定期加入电解液维护保养，极其麻烦。新型铅酸蓄电池在电极表面增加新型稀土材料，大大改善了它的活性，在相同的体积下可存储更多的电能，同时稀硫酸也逐渐被一种含酸性物质的海绵状胶体所代替，实现了蓄电池的全密封免维护，使用极为方便。

微电子技术的发展，使得今天的电动自行车控制环节具有了真实的意义。电动自行车控制器主要有 3 种功能：首先是为保护蓄电池而设置的功能，如欠电压保护、最大电流限制、软启动等；其次是启动和调节器功能；最后是显示功能，主要是电量提示、速度显示等。

电动自行车的另一个关键部件就是充电器。目前大多数厂家采用智能型充电器，只需为蓄电池接通电源，充满电后会自动断电，就像给手机充电一样简单。

另外，在电动自行车的两项关键部件——轮毂式直流电动机和新铅酸蓄电池的技术水平上，我国基本上和世界发展同步，因为我国是稀土资源主要拥有国和出口国，目前电动自行车生产厂只要选择高质量的电动机和蓄电池，产品质量都可以有所保障。电动自行车性能质量水平的差异主要体现在控制系统上。消费者只要选择有一定品牌信誉、生产规模的专业厂家生产的电动自行车，就完全不必为电动自行车的性能而忧虑。

早期的电动自行车一般使用高速有齿电动机配合汽车用启动型蓄电池，调速装置采用能耗型（电阻降压）。由于调速装置效率太低，没有相应的保护电路，使得电动机、调速装置、蓄电池之间的配合没有达到最佳状态。这种形式的电动自行车已经淘汰。

2003年以后，电动自行车技术得到飞速发展，以无刷电动机驱动的电动自行车逐渐代替故障率居高不下的有刷电动自行车。电动机可靠性极高，使电动自行车的使用寿命大大延长。与之相配的无刷控制器技术也得到快速提升。融入了多段限流软启动技术，速度开环、闭环控制，堵转保护，ABS柔性电子刹车技术和发电机发电反充电技术等，使得电动自行车的机械性能和电气性能全面加强。

值得一提的是，蓄电池充电技术也不断提高。早期的工频变压器加上二极管充电机没有充电电流、电压的控制，使得蓄电池严重过充或欠充，蓄电池使用寿命极短。后来研制了恒压限流两阶段充电器，虽然达到了充足电的要求，但效率较低，充电时间较长。现在普遍使用的智能三段式充电器，基本遵循了蓄电池的最佳充电曲线（麦斯曲线）。在此基础上，结合单片机技术，正脉冲充电、修复和负脉冲去极化技术，数字化温度检测控制技术，蓄电池充电量管理技术，蓄电池组平衡充电技术，在充电的各个阶段施以最佳的电流、电压、频率和温度等控制，使得充电时间更短，充电效率更高，蓄电池寿命更长。

未来的电动自行车应该是以无位置传感器（霍尔元件）的三相无刷电动机为主流。由于省去了位置传感器，因此电动机结构更简单、性能更可靠。电动机只有三条绕组线，维护更简单。与之相配的无刷控制器技术含量更高，更换无刷控制器将变得异常简单。

未来的电动自行车蓄电池将会朝着多元化方向发展，如镍氢蓄电池、锂蓄电池、燃料蓄电池、超级电容器蓄电池等。

2. 国外电动自行车发展史

欧美是生产电动自行车较早的国家，如德国、英国、奥地利、美国等。

日本是世界上电动自行车发展较早的国家之一。1994年，雅马哈首先推出"PAS"电动自行车。1995年，本田公司也推出"RACOON"电动自行车。松下、三洋、小松等公司也相继推出电动自行车。1996年，电动自行车的销售量超过20万辆。国外电动自行车的价格较高，日本为10万日元左右。

总体来说，电动自行车在全球的潜在市场很大，并呈上升趋势。

在欧、美、日等国家和地区，电动自行车的功能仅停留在休闲和短距离代步上，是从属和备用的交通工具。在我国，电动自行车是广大工薪阶层的日常交通工具，使用频率非常高。

3. 国内电动自行车发展史

我国电动自行车的发展与世界基本同步，并有独立自主的技术。早在1958年，我国就掀起电动自行车的开发热潮。20世纪80年代中期，我国生产销售了一批电动摩托车，但由于当时电动自行车三大件技术还不成熟，因此很快停止了生产。

真正实用的电动自行车在20世纪90年代后期出现。此时电动自行车用阀控密封铅酸蓄电池技术取得突破性发展，蓄电池可以在使用时免维护，而且不再有电解液溢出，电动自行车的使用变得更加安全和方便。这一时期的电动自行车以高速有刷电动机为主，控制器以PWM技术为核心，加入刹车断电、过电流保护、欠电压保护等；同时，控制器功率管不再经常被烧毁，电动自行车整体性得到很大提高。

1995年，清华大学研制出我国第一辆轻型电动自行车。短短10年间，我国已发展出全球最大的电动自行车产业，同时也是具有国际竞争力的产业。特别是2004年5月1日《中华人民共和国道路交通安全法》颁布实施，带来了电动自行车产业的快速发展，并在我国形成了江苏、浙江、天津、上海四大电动自行车产业基地。据统计，2019年，我国电动自行车产销量超过了3000万辆，社会保有量超过3亿辆。

目前，电动汽车已逐步普及，并在各种领域中广泛使用，如图1-2所示。

作为一个朝阳产业，电动汽车具有广阔的市场潜力和发展空间。随着电动汽车核心技术的突破，未来将有不同的电动轿车、电动公交车、电动专用车等投放市场，电动汽车的发展终将为人类居住环境的改善做出贡献。

电动汽车

电动游览车

图1-2　电动汽车

三、电动自行车的使用常识

电动自行车是一种新型自行车，使用上与自行车有相同之处，也有很大的不同。

（1）电动自行车最理想的使用方法是人助车动、电助人行、人力电力联动，既省力又省电。

（2）具有零启动功能的电动自行车，由于静止启动时电流较大，耗能较多，并且易损坏蓄电池，应在启动时先用脚踏骑行，到一定速度再用电力加速，切忌原地加速。上坡、负重或逆风行驶时，应人力骑行相助，这样可以避免蓄电池超大电流放电，提高一次充电行驶里程，有利于延长蓄电池寿命。

（3）蓄电池充电须使用随车配套的专用充电器，且应放置在阴凉通风处，避免高温和潮湿；切勿让水进入充电器，防止触电事故。充电器使用前先插蓄电池盒后接交流电，不可错位，以免损坏。充满电需8～10h。冬天充电时应适当延长充电时间。

（4）电动自行车的加速手把有时不能完全回位，一定要养成加速完成后即将手把推回原位的好习惯。

（5）刹车时，电动机的电流立即切断。但当刹车放开时，如果加速手把还在加速位置上，则电动机将立即得到电流而运转，这样不利于安全，务必养成加速完成后即将手把推回原位的好习惯。

（6）每次使用电动自行车前应检查下列各项：

① 轮胎气压是否充足。气压充足可降低轮胎与道路的摩擦阻力。

② 车把转向是否可靠，刹车是否灵活有效，要确保行车安全。

③ 蓄电池盒的插座、充电器插头是否有松动，蓄电池盒是否锁好，喇叭及灯光按钮是否有效，要确保电路畅通。

（7）电动自行车不适合在凹凸不平或陡峭的路面行驶，如遇这种路面，须缓慢行驶或下车推行。

（8）冬天骑行时，应尽量采用脚踏助力，这样既可使身体得到锻炼，又有利于延长蓄电池的使用寿命（因为低温使蓄电池组的容量下降，如放电深度加大，续行里程将缩短）。

（9）电动自行车虽然有良好的防雨性能，但仍需避免直接日晒和雨淋，防止车体或转动部件的锈蚀，雨季使用或经过水潭、积水时，水位高度不能高于轮毂轴中心线，防止电动机进水造成损坏。

（10）电动自行车的标准载重为 80kg，所以除掉骑行者的重量，应避免带过重的物体。载重时，应用脚踏助力。

（11）电动自行车的座位以骑行者两脚可以触地为准，以保证安全。

（12）电动自行车所用铅酸蓄电池的寿命长短与用户的日常使用维护有很大的关系。一般来说，要注意以下几点：

① 蓄电池每次使用放电深度越小（距离越短），蓄电池的使用寿命就越长，因此，平时应养成随用随充的良好习惯，且蓄电池应经常保持充足电状态。

② 充电时间应根据里程长短来确定，路程越长，充电时间就长；反之，则短。充电时间控制在 4~12h，不得长时间充电。

③ 蓄电池需长时间放置时必须先充足电量，一般每一个月补充一次。

④ 大电流放电对蓄电池有一定的损害，所以在起步、上坡、负重、顶风时用脚踏助力。

第二节 电动自行车的种类、型号编制

一、电动自行车的种类

电动自行车种类繁多，新品、新款不断推出。随着科技的发展，电动自行车的结构将更加合理，款式更加新颖，品种规格更加齐全。

电动自行车有简易型电动自行车、标准型电动自行车、电动轻便摩托车和电动摩托车、电动三轮车等。

1. 标准型电动自行车

标准型电动自行车是智能型电动自行车。标准型电动自行车电动机的电压为 48V，功率为 350~400W。蓄电池电压为 48V，容量为 12~14A·h，具有电量显示、断电刹车、无级调速等功能，续行里程在 40km 左右。标准型电动自行车常见车型有"骑士款""小牛款"等，如图 1-3 所示。

2. 电动轻便摩托车

电动轻便摩托车外形像摩托车一样，没有脚踏功能。电动轻便摩托车时速大于 25km/h 而小于 50km/h，电机功率为 400～500W，蓄电池电压 60V，属于机动车，挂黄牌，走机动车道。电动轻便摩托车常见车型有"福喜款""小龟款""迅鹰款"等，如图 1-4 所示。

图 1-3　标准型电动自行车

图 1-4　电动轻便摩托车

图 1-5　电动摩托车

3. 电动摩托车

电动摩托车外形豪华美观，功能齐全。电动摩托车时速大于 50km/h，电机功率为 500～1000W，蓄电池电压为 72V 或 84V，属于机动车，挂黄牌，走机动车道。电动摩托车常见车型有"标骑款""大牛款""猴子款""祖玛款"等，如图 1-5 所示。

电动自行车、电动轻便摩托车、电动摩托车对比如图 1-6 所示。

4. 电动三轮车

电动三轮车目前已经普及，顾名思义它有三个车轮，驾驶员后面还安装有货箱，方便装运货物。电动三轮车电机功率为 350～1000W，蓄电池电压为 48V 或 60V。电动三轮车如图 1-7 所示。

车型	 电动自行车	 电动轻便摩托车	 电动摩托车
执行标准	GB 17761—2018	GB/T 24158—2018	GB/T 24158—2018
最高车速	≤25km/h	≤50km/h	>50km/h
电机功率	≤400W	400W～4kW（非强制）	可大于4kW（非强制）
整车质量	≤55kg	≥55kg	≥55kg
蓄电池电压	≤48V	无限制	无限制
能否载人	允许载1名12岁以下儿童	不可载人	可载一名成人
属于	非机动车	机动车	机动车

图 1-6　电动自行车、电动轻便摩托车、电动摩托车对比

图 1-7 电动三轮车

二、电动自行车的型号编制

按照 QB 1714—1993 的规定，一般电动自行车的型号编制由以下四部分组成：

TD	第一部分
L	第二部分
10	第三部分
Z	第四部分

（1）第一部分（TD）表示特种自行车类的电动自行车。电动自行车的型号全部显示以 TD。

（2）第二部分表示电动自行车的形式和车轮直径，如表 1-1 所示。

表 1-1 电动自行车的形式和车轮直径

形 式	车轮直径/mm						
	701（28in）	660（26in）	610（24in）	560（22in）	510（20in）	455（18in）	405（16in）
女式	A	E	G	K	M	O	Q
男式	B	F	H	L	N	P	R

（3）第三部分为工厂设计顺序号。

（4）第四部分为表示电动机与驱动轮之间的传动方式代号。轴传动代号为 Z；链条传动代号为 L；皮带传动代号为 P；摩擦传动代号为 M；其他传动代号为 Q。

第三节 电动自行车的组成与结构

一、电动自行车的基本组成

电动自行车由机械部件和电气部件等两部分组成。

电动自行车的基本组成如图 1-8 所示。

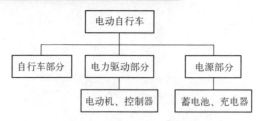

图1-8 电动自行车的基本组成

二、电动自行车机械部件

1. 车架

车架是电动自行车的主体,承受骑行者和车子的自重,因此车架的质量关系到整车的质量和安全性,必须保证有合理的结构和足够的刚度和强度。车架如图1-9所示。

2. 前叉

前叉主要有两种形式：

（1）普通型。和自行车前叉结构一样。

（2）豪华型。带减振系统,主要在左右腿增加减振弹簧,减轻了骑行者的振动和冲击,提高骑行舒适性。前叉减振部件如图1-10所示。

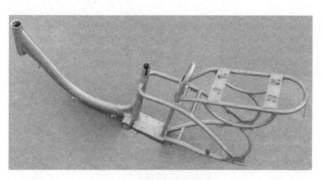

图1-9 车架　　　　　　　　　图1-10 前叉减振部件

3. 车把

车把用于操纵前轮进而控制电动自行车的行驶方向。另外,调速手柄、断电刹车、左右转向灯及开关都安装在车把上。车把如图1-11所示。

4. 车圈与轮毂

电动自行车的车圈强度必须符合载重行驶的要求。车轮直径一般有10in、12in、14in等。

电动自行车的轮毂和电动机结合在一起,既美观,工作效率又高。轮毂有辐条式和一体化铝轮式两种。轮毂式电动机如图1-12所示。

三、电动自行车电气部件

电动自行车是在自行车的基础上加上电气"四大件"——电动机、控制器、蓄电池和充电器构成的。

第一章 电动自行车的基本结构

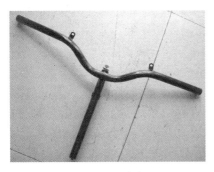 

图 1-11　车把　　　　　　　　　图 1-12　轮毂式电动机

电气四大件的相互关系如下：

（1）电动机是将蓄电池电能转换成机械能，驱动电动自行车车轮转动。电动机的效率高低受蓄电池蓄电量的影响。

（2）控制器与调速转把结合用来控制蓄电池的输出电压和电流，从而达到控制电动机转动的目的。控制器有欠电压保护功能，"欠电压保护点"的高低影响蓄电池的放电深度，即影响行驶里程，过低会造成过放电，损伤蓄电池。控制器还有过电流保护功能，主要对电动机进行保护，防止大电流损坏电动机。

（3）蓄电池通过充电器的充电将电能储存起来，最终通过电动机将电能输出，输出受控于控制器。

（4）充电器的作用是给蓄电池补充电能。

1. 电动机

电动自行车的电动机是将蓄电池的电能转换成机械能，驱动车轮转动的部件。电动自行车一般使用直流电动机，目前大多采用无刷无齿电动机，如图 1-13 所示。

2. 蓄电池

蓄电池通过控制器供给电动机电能，电动机把电能转换为机械动能，驱动电动自行车行驶。

蓄电池俗称电瓶，是一种储电装置，用于驱动电动机旋转并给电动自行车其他电气部件供电。蓄电池是决定电动自行车续行里程的关键部件之一。

电动自行车主要采用铅酸蓄电池，电压分为 48V（4 块 12V 蓄电池）、60V（5 块 12V 蓄电池）、72V（6 块 12V 蓄电池）和 84V（7 块 12V 蓄电池）蓄电池组。

因为铅酸蓄电池价格低廉，所以现在市场上的电动自行车大多配铅酸蓄电池，但是它有体积大、质量重、容量低、寿命短等缺点。目前，锂离子蓄电池和镍氢蓄电池克服了上述缺点，但价格是铅酸蓄电池的 3 倍以上，所以使用上受到一定限制。

12V 蓄电池如图 1-14 所示。

3. 控制器

控制器是电动自行车的大脑，全面检测各组件状态，根据骑行者的指令，准确控制电动机的启动、加速和减速。

电动自行车的控制器与转把结合控制电动机转速，是电动自行车电气系统的核心部件之一。控制器和电动机配套，分为有刷控制器和无刷控制器两种。有刷控制器电路简单，价格较低；无刷控制器电路复杂，价格较高。有刷控制器如图 1-15 所示。无刷控制器如图 1-16 所示。

图 1-13 无刷无齿电动机

图 1-14 12V 蓄电池

图 1-15 有刷控制器

图 1-16 无刷控制器

4. 充电器

充电器的主要作用是将交流 220V 交流电转换为蓄电池充电的直流电，给蓄电池补充电能。充电器与蓄电池组配套，常见充电器的规格型号有 48V 充电器、60V 充电器、72V 充电器和 84V 充电器。充电器如图 1-17 所示。

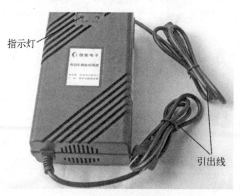
图 1-17 充电器

第四节 电动自行车的附属部件

一、霍尔元件

（1）霍尔元件概述

霍尔元件又称霍尔传感器，简称霍尔，是利用霍尔效应制成的磁感应电子器件。

霍尔元件具有许多优点，它们的结构牢固，体积小，质量轻，寿命长，安装方便，功耗小，频率高，耐振动，不怕灰尘、油污、水气及烟雾等的污染或腐蚀。霍尔线性器件的精度高、线性度好；霍尔开关器件无触点、无磨损、输出波形清晰、无抖动、无回跳、位置重复精度高。采用各种补偿和保护措施的霍尔元件的工作温度范围宽，可达-55～150℃。霍尔元件如图1-18所示。

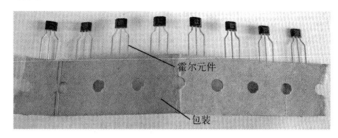

图1-18 霍尔元件

（2）霍尔效应原理

所谓霍尔效应，是指磁场作用于载流金属导体、半导体中的载流子时，产生横向电位差的物理现象。金属的霍尔效应是1879年被美国物理学家霍尔发现的。当电流通过金属箔片时，如果在垂直于电流的方向施加磁场，则金属箔片两侧面会出现横向电位差。半导体中的霍尔效应比金属箔片中更为明显，而铁磁金属在居里温度以下将呈现极强的霍尔效应。

霍尔效应原理如图1-19所示。

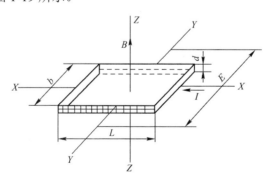

图1-19 霍尔效应原理

（3）常用的霍尔元件分类

霍尔元件是电动自行车经常采用的控制型器件。调速手柄发出速度控制指令，无刷直流电动机在运转中的换相，多是通过霍尔元件完成的。

按照功能划分，电动自行车上常用的霍尔元件分两类，即开关型霍尔元件和线性霍尔元件。

开关型霍尔元件的敏感面有磁场时，元件输出低；无磁场时，输出高。供电电压为 4.5～24V。一般用于电动自行车电子闸把、无刷电动机内部三个位置传感器、助力传感器和车轮转速传感器等。

线性霍尔元件敏感面磁场强弱变化时，输出在 1.0～4.2V 连续线性变化（若电源供电为 5V）。线性霍尔元件型号有 UGN3501 和 UGN3503，一般在调速手柄上使用。

无刷电动机一般有 3 个开关型霍尔元件，输出电压为 0～5V（若电源供电为 5V）。无刷电动机常用的霍尔元件有 3144、AH41、AH61、AH512、AH3114、AH3175、A3144EU（A）、A3172XU（A）、EW-512 等。

速度转把一般采用线性霍尔元件，常用的有 UGN3502、UGN3503、SS496B、KB3503 等。

1∶1 助力器专用霍尔元件有 EW-732、SS40、SS41、US1881 等。

（4）霍尔元件引脚功能

霍尔元件外形与三极管相似，有三个引脚：一个为速度输出信号；一个为电源正极；一个为电源负极和速度信号的公共端。

霍尔元件引脚功能如图 1-20 所示。

霍尔元件引脚功能的判断方法如下。

① 直观判断法：面对霍尔元件带字母的一面，左边引脚为正电源 5V；中间引脚为公共地；右边引脚为霍尔信号输出端。

② 根据霍尔引线颜色判断：在霍尔型转把中一般有 3 条引出线，红色为霍尔 5V 电源正端，黑色为霍尔地线，另一根线（绿色或蓝色）为霍尔信号线，如图 1-21 所示。

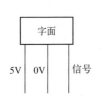

图 1-20　霍尔元件引脚功能

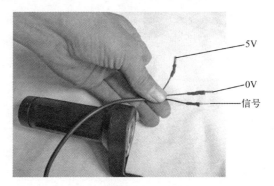

图 1-21　转把中 3 条引出线

无刷电动机的霍尔引线有 5 根：一般红线为 5V 电源正端；黑线为公共地线；其余的蓝、绿、黄线分别为 3 个霍尔信号输出端。无刷电动机的霍尔引线如图 1-22 所示。

（5）霍尔元件的检测技巧

霍尔元件的常见的故障是霍尔元件失效、信号线脱落，霍尔引线断开或霍尔元件被击穿。通过测量霍尔元件引脚阻值判断霍尔元件的好坏，假若被测霍尔元件为无刷电动机专用霍尔 3144，用数字万用表二极管挡测量霍尔 5V 电源脚与中间地脚阻值，正向电阻为"1"，反向电阻为"1.065V"左右（因型号不同而不同）；测量霍尔信号脚与中间地脚阻值，正向电阻为"1"，反向电阻为"619mV"左右（因型号不同而不同），如果正、反向电阻值不相符，说明霍尔元件损坏。霍尔元件的测量示意图如图 1-23 所示。

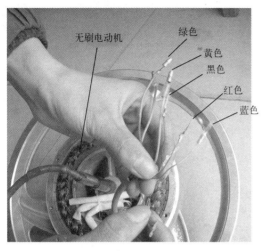

图1-22 无刷电动机的霍尔引线

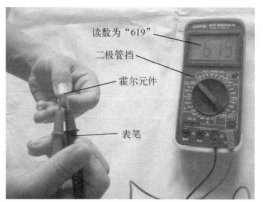

图1-23 霍尔元件的测量示意图

技术指导

霍尔元件常见的故障是击穿开路,如果霍尔元件被击穿,各脚对地阻值为0Ω;如果正、反向电阻均为1,说明霍尔元件断路,应用同型号霍尔元件更换。

二、调速转把

(1) 调速转把的结构与工作原理

调速转把简称转把,是电动自行车的调速部件。转把与控制器配合,可以控制电动自行车的速度快慢。调速转把一般安装在电动自行车的右边,调速转把的转动角度范围为0°~30°。

调速转把由磁钢、线性霍尔元件、复位弹簧和塑料件等组成。调速转把外形如图1-24所示。调速转把内部结构如图1-25所示。

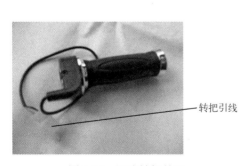

图1-24 调速转把外形

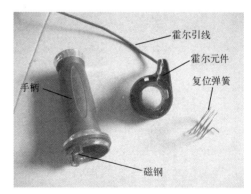

图1-25 调速转把内部结构

(2) 调速转把引出线

调速转把的引出线实际上就是线性霍尔元件的3根引出线。不同厂家使用的引出线颜色不统一，一般红色为+5V 电源线；黑色（或黄色）为公共地线；绿色或蓝色是霍尔信号线。转动转把，改变霍尔元件周围的磁场强度，从而改变转把的输出电压，该电压传输给控制器的主处理芯片，实现控制电动机转速的目的。

调速转把引线功能如图 1-26 所示。

（3）调速转把与控制器的接线方法

调速转把与控制器对接时，转把红线接控制器红线，转把黑色接控制器黑线，转把绿线（或蓝线）接控制器绿线（或蓝线）。更换前用六方扳手松开转把的固定螺栓，将转把从车把上取下，安装好新转把，将转把 3 根引线分别接好，用绝缘胶带包好。调速转把与控制器的连接如图 1-27 所示。

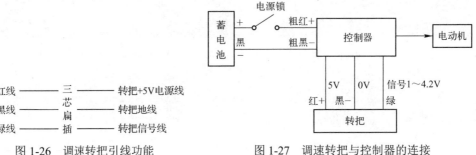

图 1-26 调速转把引线功能　　　　图 1-27 调速转把与控制器的连接

技术指导

调速转把接线方法

（1）用万用表的直流电压挡先检测出控制器引出线的+5V 供电线。+5V 线接调速转把的红线，负极线接调速转把黑线，再把剩下的一条绿色或蓝色信号线接上即可。

（2）先找出调速转把的正极线（大多使用红色线）与控制器红色+5V 线对接，把调速转把信号线、地线与控制器引出线任意对接。转动转把，如果电动机转动正常，说明接线正确；如果电动机不转，表示接线不正确。把信号线与地线对调即可。

（3）有些品牌电动自行车厂家的调速转把，红线是调速转把+5V 供电线，黄线是调速转把地线，绿色是调速转把信号线，接线时要用测量法判断准确后才能接线，千万不要将供电红线与地线接反，否则将烧坏调速转把内的霍尔元件。

（4）调速转把损坏的故障现象

① 电动机不转。

② 电动机转速低。

③ 电动机时转时停。

④ 电动机高速运转（飞车）。

（5）调速转把的检修技巧

① 测电压法。打开电源锁，用万用表直流 200V 电压挡测量转把的红、黑线，应有 5V（实测值为 4~5.5V）左右的供电电压，否则说明控制器损坏。转动转把，测量转把的信号线与地线之间应有 1~4.2V（实测值为 0.8~3.5V）的电压变化，说明转把正常，否

则说明转把损坏,应更换新件。转把供电电压测量如图 1-28 所示。转把信号线电压测量如图 1-29 所示。

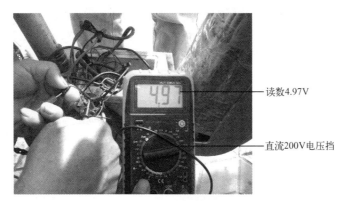

图 1-28　转把供电电压测量

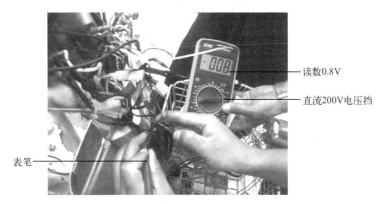

图 1-29　转把信号线电压测量

② 短接法。打开电源锁,短接转把的红色供电线和绿色信号线,如果电动机高速运转,则说明转把损坏,应更换新转把。

③ 更换法。用一个新的转把代换原转把,如果电动机正常,则说明转把损坏。

④ 对于飞车的故障,可以将转把的 3 芯插件拔下,如果不再飞车,则说明转把损坏。

> **技术指导**
>
> 更换转把时,不论是有刷车或是无刷车,电动自行车或电动三轮车,转把都通用,有个别品牌厂家的转把地线用黄线,供电线用红线,信号线用绿线,更换转把时,先将转把的红线接好,余下的两条线可任意连接,试车,如果电动机不转,将余下的两条线对调即可。

三、闸把开关

(1) 闸把开关的结构与工作原理

闸把开关又叫断电刹车,当手捏刹车时,刹车信号传给控制器,控制器接收到刹车信号后立即停止对电动机供电,起刹车切断电动机供电的作用。目前电动自行车闸把常用的是机械式开关型闸把。它内部有一个机械式微动开关,不刹车时,为常开状态;刹车时,为闭合状态,开关导通,刹车信号传给控制器,控制器断开电动机供电。闸把通常有2条引出线,一条是红色进线,一条是黑色输出线。机械式开关型闸把如图1-30所示。

(2) 闸把开关的接线方法

① 低电平闸把信号与控制器连接。低电平刹车控制器上有 2 条刹车线,一条为红线,另一条为黑线。红线接转把红线,黑色接转把黑线。当用户刹车时,信号电压从 5V 变为 0V,也就是 0V 时刹车。低电平刹车信号与控制器连接如图1-31所示。

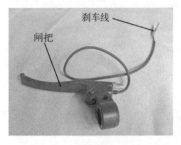

图1-30 机械式开关型闸把

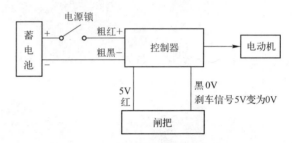

图1-31 低电平刹车信号与控制器连接

② 高电平闸把信号与控制器连接。如果是高电平刹车的控制器,控制器上一般只有一条刹车引出线,将这条高电平刹车线与闸把的黑线对接,同时闸把黑线要与刹车灯线相接。

高电平刹车的闸把红线与转换器的 12V 输出线连接(或者闸把的红色进线与整车电源锁后的粗红正极线连接)。

高电平刹车的工作过程是:当捏闸把时,闸把开关导通,12V 刹车信号传给控制器,控制器断开电动机的供电,同时刹车灯点亮。高电平刹车信号与控制器连接如图1-32所示。

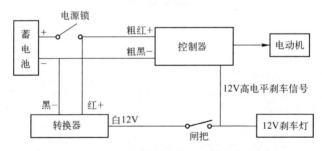

图1-32 高电平刹车信号与控制器连接

(3) 闸把损坏故障现象

① 刹车不断电。

② 常断电,此时电动机不转。

③ 电动机时转时不转。

(4) 闸把故障的检修技巧

① 通断法:使用万用表的蜂鸣器挡,手捏闸把,测量闸把的红、黑两条引线,应为相通状态,否则说明闸把损坏,应更换新件。通断法测闸把如图1-33所示。

② 断开法:对于常断电的故障,断开闸把的两条引线,如果电动机旋转,说明闸把损坏,应更换新件。

③ 更换法：对于时好时坏的故障，可用更换法排除。

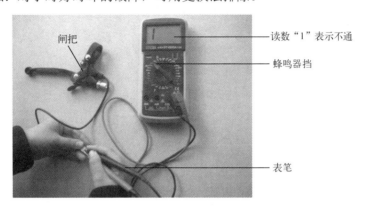

图 1-33 通断法测闸把

技术指导

闸把开关常见故障是闸把失灵。有些电动自行车，用户骑行正常，当手捏闸把时，电动机断电，但当用户松开闸把转动转把时，电动机却不转，可能是闸把开关没归位所致，维修时应检查闸把是否归位。

四、电源锁

（1）电源锁的结构与工作原理

电源锁是控制电动自行车电路通断的器件，也就是全车的总电源开关。根据外形分，一般有大、中、小头电源锁和特殊型电源锁。普通电源锁有 K1 和 K2 两挡，红、蓝、黄 3 条引出线。电动摩托车的电源锁有多条引出线，但实际上只用了其中的两条。

普通电源锁实物如图 1-34 所示。带锁车把电源锁实物如图 1-35 所示。电源锁原理图如图 1-36 所示。

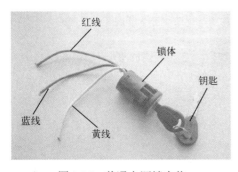

图 1-34 普通电源锁实物

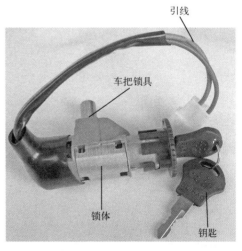

图 1-35 带锁车把电源锁实物

（2）电源锁的接线方法

36V 有刷电动自行车上，电源锁接在蓄电池与控制器连接的正极线中间，因此整车电流经过电源锁，造成流过电源锁的电流较大，容易损坏电源锁。36V 有刷电动自行车电源锁的接法如图 1-37 所示。

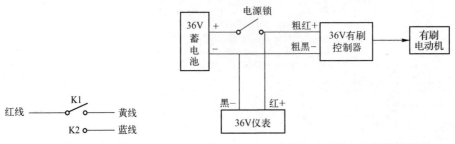

图 1-36　电源锁原理图　　　　图 1-37　36V 有刷电动自行车电源锁的接法

48V 无刷电动自行车的控制器上专门作了一根电源锁线，一般用细红或细橙线，电源锁红色进线接蓄电池正极线，电源锁输出线接控制器的电源锁线，整车电流不流过电源锁，只有灯具、喇叭等通过电源锁控制，因此电源锁只是信号开关，不易损坏。48V 无刷电动自行车电源锁的接法如图 1-38 所示。

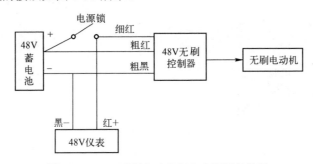

图 1-38　48V 无刷电动自行车电源锁的接法

（3）电源锁的常见故障

电源锁的常见故障是电源开关失灵，不能控制整车供电的开和关。电源锁损坏，需更换新件，如果是锁钥匙转动不灵活，可加入缝纫机油或铅粉排除。

（4）电源锁的检修技巧

电源锁的检修方法如下。

① 通断法：将万用表置于蜂鸣器挡，拔掉蓄电池供电插头，打开电源锁开关，测量电源锁两条引线应为导通状态，否则说明电源锁损坏，应更换新件。通断法检测电源锁如图 1-39 所示。

② 测电压法：将万用表置于直流 200V 电压挡，找到电源插件，首先测量电源锁红色进线与蓄电池负极是否有蓄电池电压，然后打开电源锁开关，测量电源锁输出线（黄色或蓝色）与黑色负极线是否有电压（与进线电压一致），否则说明电源锁损坏，应更换新件。

③ 短接法：将电源锁的红色进线与输出线（黄色或蓝色）直接短接，如果全车有电，说明电源锁损坏，应更换新件。

图 1-39　通断法检测电源锁

五、助力传感器

（1）助力传感器的结构与工作原理

助力传感器的作用就是在人力骑行时通过控制器驱动电动自行车电动机旋转。它一般安装在中轴旁，中轴上装有磁盘，磁盘随中轴转动，感应电信号通过控制器传给电动机供电，使电动机旋转。常用的有 1∶1 助力传感器。智能助力传感器实物图、接线图和安装图如图 1-40 所示。

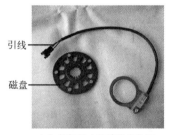

（a）智能助力传感器实物图

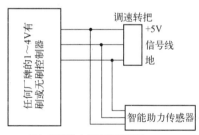

（b）智能助力传感器接线图

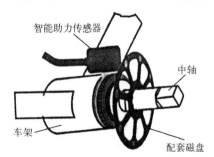

（c）智能助力传感器安装图

图 1-40　智能助力传感器实物图、接线图和安装图

助力传感器电缆上的有三条引线，分别是红色 5V 供电线、黑色接地线和绿色信号输出线，这三条引线和调速转把的三条颜色相同的引线并接即可。

（2）助力传感器的常见故障

如果助力传感器损坏，不能输出助力信号，会造成助力功能失效的故障。

（3）助力传感器的检测和更换

打开电源锁，用万用表的直流电压挡测量助力传感器红线与黑线，应有 5V 左右的供电电压，否则说明控制器损坏。进一步检测，转动中轴，测量绿色信号线与地线之间电压，应有1～4.2V（因霍尔元件型号不同输出电压不同）电压，否则说明助力传感器损坏。

更换助力传感器时，应注意有磁钢的一面要面向车架，并且与传感器有1～4mm的间距。

六、转换器

（1）转换器的结构与工作原理

转换器是将电动自行车蓄电池组电压（48V或72V）转换成12V电压供灯具和喇叭等电器使用。转换器一般有三条引线：一条红色电源输入线、一条黑色公共接地线和一条黄色（或白色）+12V输出线。转换器如图1-41所示。

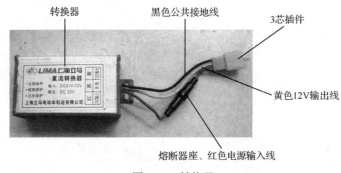

图1-41 转换器

（2）转换器在电动自行车上的接线方法

转换器在48V电动自行车上的接线方法如图1-42所示。

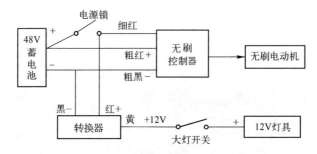

图1-42 转换器在48V电动自行车上的接线方法

（3）转换器的常见故障

转换器的常见故障是不能输出12V电压，如果电动自行车中的灯具和喇叭都不能正常工作，则说明转换器损坏。

（4）转换器的检测技巧

将万用表的置于直流200V电压挡，打开电源开关，首先测量转换器的输入线，应与蓄电池组的电压一致，如图1-43所示；然后测量转换器的输出线，应有12V左右的电压，如图1-44所示，说明转换器正常，否则说明转换器损坏，应更换新件。

第一章 电动自行车的基本结构

图1-43 测量转换器的输入电压

图1-44 测量转换器的输出电压

技术指导

需要说明的是，检修转换器时，注意在转换器的红色输入线上，大多数厂家安装有熔断器，检修时注意检查熔断器是否损坏，如果损坏，应更换同型号熔断器。另外，更换转换器时，注意检查转换器插件上的红、黑、黄色（或白色）线是否对应，如果不对应，应调换对应后才能插好插件，否则会造成转换器损坏。

七、灯具

（1）常用灯具型号

电动自行车配备的灯具有前大灯、后尾灯、转向灯和闪光器。如图1-45所示为前大灯组件。如图1-46所示为电动自行车用灯泡。

图1-45 前大灯组件

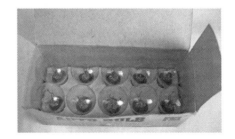

图1-46 电动自行车用灯泡

- 12V系列：12V/35W、12V/25W大灯；10W或5W尾灯；5W或3W转向灯、仪表照明灯；12V/3W电源指示灯
- 36V系列：36V/10W大灯；36V/10W（5W）尾灯；36V/3W转向灯、仪表照明灯、电源指示灯
- 48V（52V或55V）系列：48V/10W（25W、35W）大灯；48V/10W（5W）尾灯；48V/3W转向灯、仪表照明灯、电源指示灯

(2) 灯泡的更换

更换灯泡的型号应与原车灯泡型号一样，否则会造成灯泡损坏或使灯光不强。如果前大灯或后尾灯损坏，会造成整车没电，其原因主要是控制器短路保护，维修时必须将灯泡故障排除，或排除线路短路后电动自行车才可恢复正常。

(3) 转向开关

转向开关是一个单刀双掷开关，向左拨动是左转向，向右拨动是右转向。

技术指导

特 殊 故 障

正常骑行的电动自行车，当打开大灯开关时，整车无电。这种故障是由大灯部分线路短路造成的，可用观察法检查前大灯和后尾灯灯泡是否损坏，如果灯泡正常，检查大灯部分线路短路处，排除故障点才能使电动自行车恢复正常。

技巧与方法

大灯等灯具损坏时，会产生大灯不亮的故障。灯具部分出现故障时，可采用观察法检查灯泡是否损坏、灯具线路是否断路，也可用万用表蜂鸣器挡测量导线是否断路。

八、喇叭

电动自行车用喇叭有塑料喇叭和铁喇叭两种，电压有 12V、48V、60V 三种。塑料喇叭如图 1-47 所示。铁喇叭如图 1-48 所示。

喇叭出现故障时，可打开电源锁，按动喇叭开关，检查喇叭是否响亮。如果不响，首先检查喇叭塑料插件是否完好，喇叭开关是损坏。按动喇叭开关，用万用表蜂鸣器挡测量喇叭开关，应为导通状态；否则，表明开关已损坏，应更换新件。如果喇叭开关正常，按动喇叭开关，用万用表电压挡测量喇叭的两条引线的电压是否与蓄电池电压一样。如果有电压但喇叭不响，则判断喇叭已损坏，应更换新件。喇叭检查维修如图 1-49 所示。

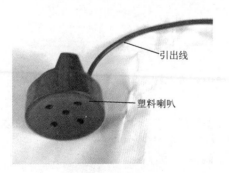

图 1-47　塑料喇叭

图 1-48　铁喇叭

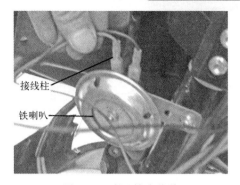

图1-49 喇叭检查维修

九、组合开关

(1) 组合开关的结构

在电动自行车上,大灯、喇叭、转向灯的开关通常制作在一起,称为组合开关。组合开关的开关部分都是控制电源的正极线,负极线都共用。组合开关外形如图1-50所示。组合开关在电动自行车上的安装位置如图1-51所示。也有组合开关与左闸把做成一体,例如凌英闸把与组合开关就做成一体,如图1-52所示。

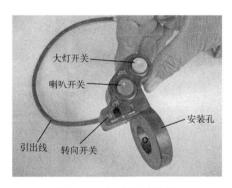 

图1-50 组合开关外形　　图1-51 组合开关在电动自行车上的安装位置

(2) 组合开关的常见故障和检测技巧

组合开关常见故障是其中某个开关损坏,检测时可用万用表的蜂鸣器挡测量,如果相通,说明开关正常,否则说明开关损坏,应更换新件。组合开关的检修方法如图1-53所示。

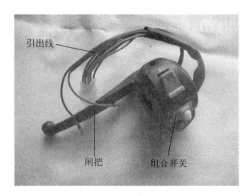 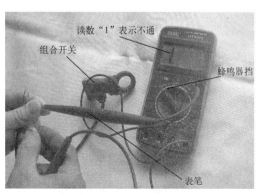

图1-52 凌英闸把与组合开关　　图1-53 组合开关的检修方法

十、闪光器

图 1-54 闪光器

蜂鸣闪光器简称闪光器，它的作用是间歇地为转向灯提供电压，使转向灯闪烁，并且发出声音。若转向灯不亮或不闪，则可将闪光器输入线与输出线短接。如果短接后恢复正常，表明闪光器损坏，应更换新件。闪光器常见的型号有 12V、48V 和 60V。闪光器外壳的引脚标注 B 表示进线端（Battery）；L 表示输出端（Light），接线时不能接错。闪光器如图 1-54 所示。

十一、空气开关

（1）空气开关的结构和接线方法

空气开关只在电动摩托车上安装，一般安装在电动摩托车坐垫下面的储物箱内。空气开关的作用是当通过开关的电流（一般的导线都有最大允许通过的电流）超过一定值时自身会发热，导致开关里面的脱扣装置脱扣（利用双金属片受热弯曲的道理），从而切断电源，保护电路不因电流过大而烧毁。空气开关一般串联在电源正极红线上，一进一出，在 ON 位置是开，在 OFF 位置是关。空气开关外形如图 1-55 所示。空气开关在电动摩托车上的安装位置如图 1-56 所示。

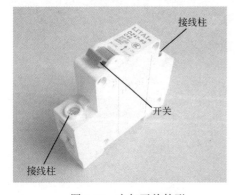

图 1-55 空气开关外形

图 1-56 空气开关在电动摩托车上的安装位置

（2）空气开关的常见故障和检修技巧

空气开关的常见故障是开关失灵。检修时可将万用表置于蜂鸣器挡，将空气开关拨到 ON 位置，万用表应为导通状态，拨到 OFF 位置，应为断开状态，否则说明空气开关损坏，应更换新件。空气开关拨到 ON 位置如图 1-57 所示。空气开关拨到 OFF 位置如图 1-58 所示。

十二、防盗报警器

（1）防盗报警器使用方法

防盗报警器起增加偷盗难度及阻吓窃贼和提醒车主，防止电动自行车被盗的作用。防盗报警器一般由主机和遥控器组成。常见的有普通型单向防盗报警器、断电型防盗报警器和双向防盗报警器。普通型单向防盗报警器具备一般的常见防盗功能。断电型防盗报警器具有断开转把 5V 供电的功能。双向防盗报警器是指在车人分离的情况下能够及时知道车的状态，以及采取相应措施达到防盗目的，和普通单向防盗报警器相比具有明显的优势。双向防盗报警器相比单向防盗报警器的具有以下优势：在嘈杂环境中能够知道车的状态；在看不到车的情况下能够监测到车的状态。

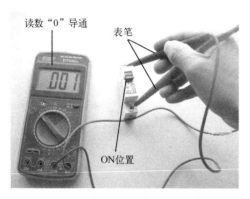

图 1-57　空气开关拨到 ON 位置

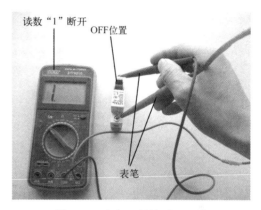

图 1-58　空气开关拨到 OFF 位置

普通型单向防盗报警器外形如图 1-59 所示。

（2）防盗报警器的接线方法

① 普通型单向防盗报警器接线方法。将防盗报警器主机的正极（红线）、负极（黑线）分别接到蓄电池组的正、负极上（电源锁之前），切勿接反，否则会烧坏防盗报警器；另外 3 条线（蓝线、绿线、黄线）分别接到控制器上；天线不需要连接。普通型单向防盗报警器接线方法如图 1-60 所示。

图 1-59　普通型单向防盗报警器外形

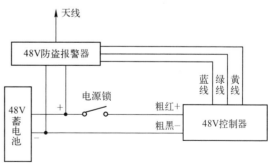

图 1-60　普通型防盗报警器接线方法

② 断电型防盗报警器接线方法。首先按普通型的接法接好红、黑两根供电线，然后将转把红色 5V 线断开，接在转把的 5V 供电线上，如果防盗报警器发出报警声，内部电路可切断转把 5V 供电，从而起防盗作用。断电型防盗报警器接线方法如图 1-61 所示。

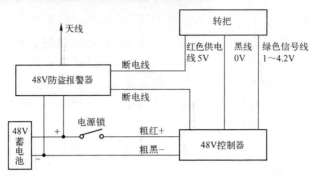

图 1-61　断电型防盗报警器接线方法

十三、仪表

1. 仪表的作用

仪表的作用是显示电源电压、车速和左右转向、大灯等工作情况。

仪表、灯具部分的电路原理图如图 1-62 所示。因车型不同，仪表的种类也不同。常见的有发光二极管仪表、指针仪表、液晶仪表和智能显示型仪表。仪表常见的供电电压有 48V、60V、72V。不管是哪种仪表，接线方法都是仪表的正、负极电源线直接连接电源锁后的蓄电池正、负极线，正、负极线不能接反。

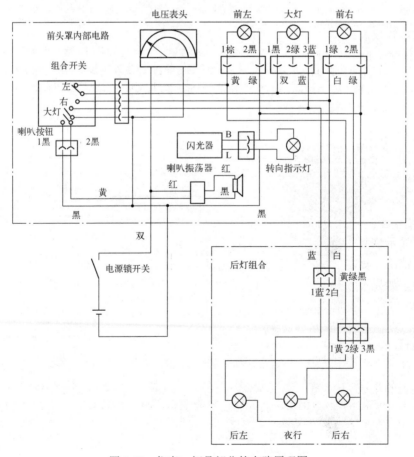

图 1-62　仪表、灯具部分的电路原理图

2. 发光二极管仪表

发光二极管仪表如图 1-63 所示。发光二极管仪表电路如图 1-64 所示。

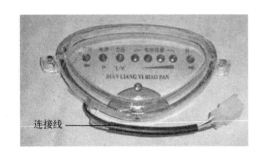

图 1-63　发光二极管仪表

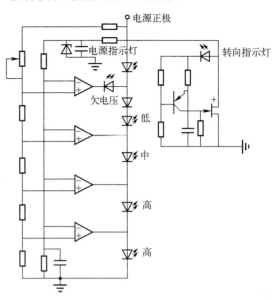

图 1-64　发光二极管仪表电路

（1）结构

发光二极管仪表的电路属于电子电路，与整车灯具电路分离。发光二极管仪表采用集成电路，不依赖于控制器电路，能独立工作。有的电动自行车转把和闸把的信号经过仪表板过渡，然后输出给控制器。在应急情况下，可以将转把与闸把的引线直接供给控制器使用。

（2）常见故障与维修

故障原因：

仪表不显示的原因大多为电源电路故障，也可能是线路插件接触不良或元器件损坏。

维修方法：

① 打开电源，用万用表直流 200V 电压挡测量控制器与表盘相连的输出线，是否有与蓄电池一致的电压，由此可判断故障所在。

② 关闭电源，将线路接插件拔出再插好。打开电源，在静止或运行中观察仪表显示情况。如果显示恢复正常，则故障排除；如果故障依旧，可用万用表电阻挡测量接插件和接线间通断情况。如果是接插件失去弹性造成的，可用镊子或尖嘴钳拨接插件并使其鼓出以增加弹性。如果不能恢复正常，应更换同型号接插件。

③ 关闭电源，拔掉接插件，用新的相同类型显示仪表代换。电路接好后，打开电源，用上述方法测试，显示恢复正常，说明原仪表有故障，维修或更换。

3. 指针仪表

（1）结构

指针仪表的集成度比较低，电路的接线比较简单，仪表电路不依赖于控制器电路，能独立工作。指针仪表如图 1-65 所示。

指针仪表上的累计行驶公里数通过 6 位数字码表盘显示；整车速度指针指示（公里/小时）时速；蓄电池电压指针指示蓄电池电压；还有大灯指示和左右转向灯指示等功能。

它通过一个转速输入信号进行换算，通过机械传动实现各自的指示功能。

图 1-65　指针仪表

（2）常见故障及维修

机械类仪表的故障主要是引线或仪表头故障。在拆装仪表时，需要特别注意的是电源的正、负极不能搞错，而且仪表的供电电压要一致。

4. 液晶仪表

（1）结构

液晶显示仪表能对各种数据（如时速、蓄电池电压、行驶里程、环境温度、骑行时间等）实现数字化精确显示，使操作人员能看见精确的数值。这种仪表的缺点就是抗紫外线辐射能力差，对使用环境温度要求高，所以液晶显示仪表不能长时间放在太阳光底下晒。液晶仪表如图 1-66 所示。

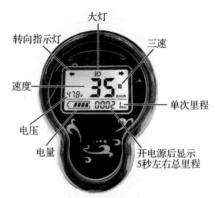

图 1-66　液晶仪表

（2）产品功能

液晶仪表具有来电指示、光控技术（当夜晚光线降到一定程度时，大灯会自动打开；如果是白天，大灯会自动关闭）、LCD 电子钟显示、电流指示、时速显示、电池电压显示（低电压报警）、六位里程累计计数、公/英里转换、断电记忆、超速报警（可以根据用户要求调整超速速度）和 LED 背光（可根据用户需要更换为任何一种颜色）等功能。LED 的特点是使用寿命长、耗电量小、光线柔和，并且抗振动、耐冲击。

（3）常见故障维修与代换

打开电源，用万用表直流 200V 电压挡测量控制器与表盘相连的输出线，是否有与蓄电池一致的电压。如果有而仪表不亮，可判断仪表有故障。

在拆装更换仪表时，首先要关闭电源锁，连接各种引线和接插件时，需要特别注意的是电源的正、负极不能搞错，而且仪表的供电电压要一致。

第二章

电动自行车的维修准备

阅读提示

本章是做好电动自行车维修必不可少的基础知识。本章主要介绍电动自行车维修常用仪器、仪表的使用方法及维修必备的工具。另外,本章还介绍了电动自行车维修基础知识及焊接技术。通过本章的阅读和学习,读者可以了解电动自行车维修所需的基本工具和仪表的购置及使用,还可掌握电动自行车维修基础知识和焊接技术。

第一节 电动自行车所需维修工具

在电动自行车维修作业中,维修人员需购置一些常用维修工具。正确合理地使用这些工具,有利于保障维修人员的人身安全及提高工作效率。

维修必备工具如表 2-1 所示。

表 2-1 维修必备工具

序号	型号	用途	单位	数量
1	50W、75W 电烙铁	锡焊工具	个	各 1
2	烙铁架	放置电烙铁	个	1
3	松香、焊锡膏	助焊剂	盒	若干
4	焊锡丝	焊料	卷	若干
5	吸锡器	吸锡工具	个	1
6	内六方扳手	拆卸工具	套	各 1
7	两用螺丝刀	日常维修	个	1
8	十字螺丝刀	日常拆卸	个	1
9	小号一字螺丝刀	拆卸蓄电池上盖和充电器	个	1
10	6～8mm 开口扳手	日常维修	个	1
11	8～10mm 开口扳手	日常维修	个	1
12	10～12mm 开口扳手	日常维修	个	1

续表

序号	型号	用途	单位	数量
13	14～17mm 开口扳手	日常维修	个	1
14	16～18mm 开口扳手	日常维修	个	1
15	17～19mm 开口扳手	日常维修	个	1
16	19～21mm 开口扳手	日常维修	个	1
17	8～14mm 套筒扳手	拆卸螺栓	个	1
18	10～30mm 活动扳手	拆卸前后轴螺母	个	1
19	尖嘴钳	日常维修	个	1
20	斜口钳	剪断导线	个	1
21	老虎钳	日常维修	个	1
22	剥线钳	剥去导线外皮	个	1
23	管钳	拆卸五件碗	个	1
24	AB 胶	黏结霍尔元件及塑料	盒	若干
25	PVC 胶	黏结塑料及蓄电池上盖	桶	若干
26	吸管（或注射器）	加电解液	个	1
27	比重计	测量蓄电池电解液比重	个	1
28	铁、皮手锤	日常维修	个	各1
29	小刀	日常维修	把	1
30	扒胎工具	扒胎专用	个	2
31	搓胎工具和胶水、冷补胶片	粘补内胎	个	若干
32	多功能手电钻	钻孔及拆卸螺栓	个	1
33	拔卸器	拆卸轴承	个	1
34	热熔胶枪和塑料棒	塑料焊接	把	1
35	700W 带风塑料焊枪	塑料焊接及拆卸集成电路	个	1
36	气泵和打气筒	内胎充气	个	各1
37	手锯	日常维修	个	1
38	可升降维修支架	支撑电动自行车后轮	个	1
39	脚拐接力器	拆卸脚拐	个	1
40	链条拆装器	拆装链条	个	1
41	千斤顶	支起三轮车后桥	个	1
42	小型电焊机	日常焊接	个	1
43	角磨机	切除生锈螺栓和铁件	个	1
44	半轴工具	拆装电动三轮车半轴	个	1
45	刹车锅拆卸工具	拆卸电动三轮车刹车锅	个	1
46	卡簧钳	拆卸电动机和半轴卡簧	个	内、外卡各1

一、电烙铁

电烙铁主要用于焊接时加热焊锡丝。购买时最好选用质量好、寿命长的电烙铁。另外,有一种电烙铁和吸锡器结合在一起的吸锡器,使用很方便,适合无焊接经验的初学者使用。电动自行车维修使用规格 50W 和 80W 的电烙铁比较合适。电烙铁如图 2-1 所示。

二、焊锡丝

焊锡丝用于对电子元器件焊接时的补锡,应选用质量较好的产品,建议使用中上等质量有品牌的焊锡丝,如图 2-2 所示。

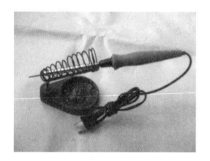

图 2-1　电烙铁　　　　　　　　图 2-2　焊锡丝

三、松香和焊锡膏

松香是助焊剂,如图 2-3 所示。还有一种助焊剂是焊锡膏,优点是可以除锈,缺点是易氧化,效果不如松香。

四、吸锡器

吸锡器用于吸去电路板上的焊锡,帮助拆卸电子元器件,如图 2-4 所示。

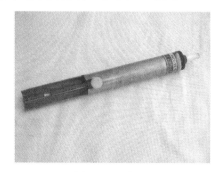

图 2-3　松香　　　　　　　　图 2-4　吸锡器

五、螺丝刀

螺丝刀又叫改锥或起子,是旋松或旋紧螺钉的旋具。螺丝刀常用的有十字形和一字形两种，又有大、中、小之分，维修时应准备多种型号的螺丝刀。电动自行车维修最好购买带磁性的螺丝刀，使用方便。常用螺丝刀的规格为 6×250 十字形、6 个十字一字两用、2×150 一字形等，如图 2-5 所示。

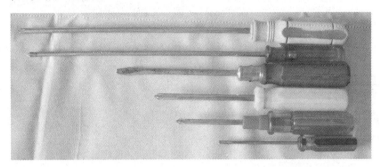

图 2-5　螺丝刀

技术指导

（1）使用前应先擦净螺丝刀手柄和口端的油污，以免工作时滑脱而发生意外，使用后也要擦拭干净。

（2）选用的螺丝刀口端应与螺钉上的槽口相吻合。口端太薄易折断，太厚则不能完全嵌入槽内，易使刀口或螺钉槽口损坏。

（3）正确的方法是以右手握持螺丝刀，手心按住柄端，让螺丝刀口端与螺钉槽口处于垂直吻合状态。当开始拧松或最后拧紧时，应用力将螺丝刀压紧后再用手腕力扭转螺丝刀。当螺钉松动后，即可使手心轻压螺丝刀手柄，用拇指、中指和食指快速转动螺丝刀。

（4）使用时，不可用螺丝刀当撬棒或凿子使用。

六、老虎钳、尖嘴钳

老虎钳、尖嘴钳是常用卡物工具。钳子常用于夹持小物件、切割金属丝、弯折金属材料等，维修中常用老虎钳和尖嘴钳两种，按钳子的长度分为 150mm、200mm、250mm 等多种规格。老虎钳、尖嘴钳如图 2-6 所示。

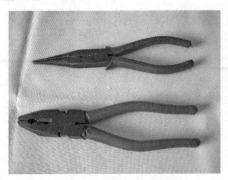

图 2-6　老虎钳、尖嘴钳

第二章 电动自行车的维修准备

技术指导

（1）使用前应先擦净钳子上的油污，以免工作时滑脱而导致事故。使用后应及时擦净并放在适当位置。

（2）钳子的规格应与工件规格相适应，以免钳子小、工件大造成钳子受力过大而损坏。

（3）严禁用钳子代替扳手使用，以免损坏螺钉、螺母等的棱角。

（4）使用时，不允许用钳柄代替撬棒使用，以免造成钳柄弯曲、折断或损坏，也不可以用钳子代替锤子敲击零件。

七、剥线钳

剥线钳用于剥开电线外皮，如图2-7所示，使维修时导线的连接方便快捷。

八、斜口钳

斜口钳用于剪断导线，使用时不可用斜口钳剪铁丝等过硬导线，以免损坏钳口。斜口钳如图2-8所示。

图2-7 剥线钳

图2-8 斜口钳

九、扳手

扳手是用于拆装带有棱角的螺母或螺栓的工具，有开口扳手、梅花扳手、活动扳手、套筒扳手、扭力扳手等多种。电动自行车维修需购置一个活动扳手，如图2-9所示；还需购置 6～8mm、8～10mm、10～12mm、14～17mm、16～18mm、17～19mm、19～22mm 等规格开口扳手或梅花扳手各一个。开口扳手如图2-10所示。

图2-9 活动扳手

图2-10 开口扳手

技术指导

不论何种扳手，最好的使用方法是拉动。若必须推动时，也只能用手掌来推。要想得到最大的扭力，拉力的方向一定要和扳手柄成直角。

在使用活动扳手时，应使扳手的活动钳口承受推力而固定钳口承受拉力，即拉动扳手时，活动钳口朝向内侧；用力一定要均匀，以免损坏扳手或螺栓、螺母的棱角，造成打滑而发生事故。

十、套筒扳手

套筒扳手又称丁字杆，用于松开或紧固坐垫下的螺丝帽。电动自行车维修常用套筒扳手型号有 6mm、8mm、10mm、12mm 几种规格，如图 2-11 所示。

十一、锤子

锤子有圆头和方头两种，根据材质不同分为铁锤、铜锤、橡胶锤等，电动自行车维修应选用铁锤和橡胶锤。铁锤如图 2-12 所示。

图 2-11 套筒扳手

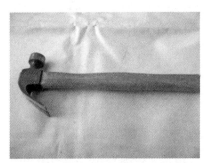
图 2-12 铁锤

技术指导

（1）使用前应先检查锤柄是否安装牢固，如有松动应重新安装，以防止在使用时锤头脱出而发生事故。应清洁锤头工作面上的油污，以免敲击时发生滑脱而发生意外。

（2）使用时，应将手上和锤柄上的汗水和油污擦干净，以免锤子从手中滑脱。

（3）使用锤子时，手要握住锤柄后端，握柄时手的用力要松紧适当。锤击时要靠手腕的运动，眼要注视工件，锤头工作面和工件锤击面应平行，这样才能保证锤面平整地打在工件上。

十二、内六方扳手

内六方扳手用于维修闸把、转把和电动机等部位螺钉的松开和旋紧。电动自行车维修常用内六方扳手规格为 2.5mm，如图 2-13 所示。

十三、手锯

手锯是手工锯割的主要工具，可用于锯割零件的多余部分，锯断机械强度较大的金属板、金属棍或塑料板等。手锯由锯条和锯弓组成。锯弓用以安装并张紧锯条，由钢质材料制成。锯条也用钢质材料制成，并经过热处理变硬。锯条的长度以两端安装孔的中心距离来表示，常用的锯条长度为 300mm。锯条的锯齿有粗细之分，通常以每 25mm 长度内的齿数来表示，有 14、18、24 和 32 等几种。手锯如图 2-14 所示。

图 2-13　内六方扳手

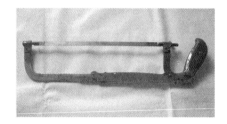

图 2-14　手锯

手锯用于锯削铁材质，一般使用时应轻拉快推，前推时下压，后拉时抬起。锯条的安装应使齿尖朝着向前推的方向。锯条的张紧程度要适当。过紧，容易在使用中崩断；过松，容易在使用中扭曲、摆动，使锯缝歪斜，也容易折断锯条。握锯一般以右手为主，握住锯柄，加压力并向前推锯；以左手为辅，扶正锯弓。根据加工材料的状态，可以做直线式或上下摆动式的往复运动，向前推锯时应均匀用力，向后拉锯时双手自然放松。快要锯断时，应注意轻轻用力。手锯使用示意图如图 2-15 所示。

十四、锉刀

锉刀是用来锉削金属板、金属棍或塑料板等的一种工具，如图 2-16 所示。普通锉刀按照端面形状又可分为扁锉、方锉、三角锉、半圆锉和圆锉等 5 种。电动自行车维修常用扁锉锉平工件表面和对烙铁头进行打头去污处理。

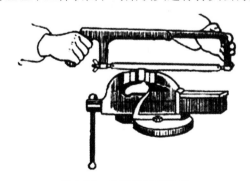

图 2-15　手锯使用示意图

图 2-16　锉刀

使用锉刀时，右手握锉柄，用力方向与锉的方向一致，左手握住锉头处。锉的方向与工件成 45°，还要保持锉刀成水平状态。锉刀的使用方法如图 2-17 所示。

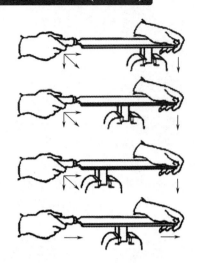

图 2-17 锉刀的使用方法

十五、手电钻

手电钻用于钻孔打眼,是电动自行车维修中不可缺少的工具。电动自行车维修应选用能正反转的手电钻,如图 2-18 所示。

十六、热熔胶枪

热熔胶枪用于焊接插件及蓄电池极柱打胶处理,如图 2-19 所示。

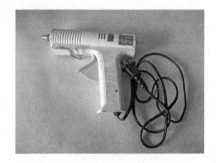

图 2-18 手电钻　　　　图 2-19 热熔胶枪

十七、塑料焊枪

塑料焊枪用于焊接塑料,常用于对电动自行车塑料件进行焊接和拆卸充电器、控制器电子元器件及集成电路,常用规格为 500W 或 700W。塑料焊枪如图 2-20 所示。

十八、拔卸器

拔卸器用于拆卸电动机端盖及轴承,如图 2-21 所示。

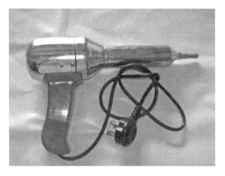

图 2-20 塑料焊枪

图 2-21 拔卸器

十九、尼龙扎带

尼龙扎带用于在电动自行车维修中对线束进行绑扎。电动自行车维修时常用的尼龙扎带规格为 3mm×200mm、3mm×100mm，如图 2-22 所示。

图 2-22 尼龙扎带

二十、电动气泵和打气筒

电动气泵和打气筒用于对电动自行车轮胎进行补气。电动气泵如图 2-23 所示。打气筒如图 2-24 所示。

图 2-23 电动气泵

图 2-24 打气筒

二十一、螺栓松动剂

螺栓松动剂用于松动生锈的螺栓，如图2-25所示。

二十二、机械油、缝纫机油

机械油、缝纫机油用于润滑电动自行车部件，如图2-26所示。

图2-25　螺栓松动剂

图2-26　机械油、缝纫机油

二十三、302胶

302胶（改性丙烯酸酯胶黏剂）又称AB胶、哥俩好胶，主要用于电动自行车维修时塑料件的黏结和电动机霍尔元件的黏结，如图2-27所示。

图2-27　302胶

1. 性能特点

302胶采用改性丙烯酸酯类为主体原料，经先进工艺合成为双组分（A、B）反应型结构胶黏剂，使用方便，不需严格计量，可进行油面黏结，室温快速固化，黏结强度高，耐酸碱、水、油介质性好，耐低温、耐老化性能好。

2. 应用范围

302胶可用于钢、铁、铝、钛、ABS、PVC、尼龙、聚碳酸酯、有机玻璃、聚酯树脂、聚氨酯、水泥、陶瓷、木材等同种或异种材料之间的黏结（对雪花铁、紫铜、聚烯黏结较差），主要应用于汽车、摩托车、机械、化工管道、储罐、木工家具、灯具铭牌、玩具、日用杂品、家用电器等制造、安装及修理。

3. 使用方法

（1）将黏合面的油质尘垢等污物擦掉，使其干燥。

（2）按A、B质量比1∶1用涂胶片混合，3min内涂胶（室温），压下黏结，5~10min定位，30min达到最高强度的50%，24h后达最高强度。

（3）充分固化需24h，在-60~100℃内可以使用。

第二章 电动自行车的维修准备

技术指导

（1）胶液有丙烯酸酯气味，使用时注意通风防火。
（2）本品因固化时放出大量的热，胶液不宜一次混合过多。
（3）勿让儿童接触，不可入口。
（4）胶冒不得盖错，以免变质失效，低温通风、隔离火种储存。

二十四、冷补胶片和胶水

冷补胶片自然硫化，耐高温，不脱胶，适用于各种小型内胎的修补。胶水与冷补胶片配合使用。冷补胶片和胶水如图2-28所示。

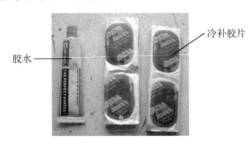

图2-28 冷补胶片和胶水

二十五、补胎工具

扒胎工具、搓胎工具用于修补电动自行车内胎。扒胎工具用于扒开电动自行车外胎，搓胎工具用于搓净内胎，以便涂上胶水，进行黏结。扒胎工具也可以购买电动扒胎工具，使用时要与电动气泵配合使用。手工扒胎工具如图2-29所示。电动扒胎工具如图2-30所示。电动搓胎工具如图2-31所示。还要购买修补真空胎专用工具，目前，新出厂的电动自行车大多使用真空胎，所谓真空胎就是外胎中没有内胎。修补真空胎专用工具如图2-32所示。

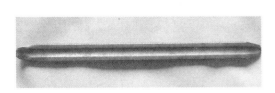

图2-29 手工扒胎工具

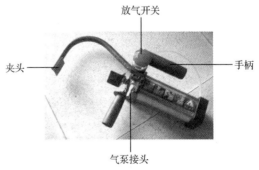

图2-30 电动扒胎工具

图 2-31 电动搓胎工具

图 2-32 修补真空胎专用工具

二十六、维修支架

维修支架用于在修理电动自行车时支起前、后轮，方便拆卸前、后轮。维修支架可自制或购买，自制时最好做成高低可调节的，这样使用方便。维修支架（自制）如图 2-33 所示。

二十七、管钳

管钳用于拆卸圆形的工件，如图 2-34 所示。

图 2-33 维修支架（自制）

图 2-34 管钳

二十八、脚拐接力器

脚拐接力器是拆卸脚拐的专用工具，使用专用工具可以提高工作效率。脚拐接力器如图 2-35 所示。

二十九、链条拆装器

链条拆装器是拆卸链条的专用工具，使用专用工具可以提高工作效率。链条拆装器如图 2-36 所示。

图 2-35 脚拐接力器

图 2-36 链条拆装器

三十、千斤顶

千斤顶的作用是维修时支起电动三轮车后桥，方便维修操作。千斤顶如图 2-37 所示。

三十一、小型电焊机

电焊机的作用是在日常维修时对电动三轮车铁件进行焊接。市场上的电焊机有使用单相交流电的，也有单、三相交流通用型的。小型电焊机如图 2-38 所示。

图 2-37 千斤顶

图 2-38 小型电焊机

三十二、角磨机

角磨机用于切割生锈的螺栓和铁件，使用时一定要注意安全。角磨机分为紧凑型角磨机和大角磨机。紧凑型角磨机轻便，部分还带有安全回弹开关，可以满足新手对角磨机操作的各种要求；大角磨机功率强劲，适合难度大的打磨和切割操作。电动自行车维修易购买轻便的小型角磨机，使用方便。

角磨机的使用方法如下：

（1）角磨机启动前必须两手将手柄握紧，防止启动时掉落。

（2）角磨机必须安装防护罩。

（3）角磨机工作时，操作人员不要站在出屑的方向，防止铁屑飞出伤到眼睛，使用时最好佩戴护目镜。

（4）磨削薄板构件时，砂轮应轻轻接触工件，不能用力过猛，并密切注视磨削部位，以防磨穿。

（5）使用角磨机要轻拿轻放，用后应及时切断电源或气源，妥善放置，严禁乱丢乱放甚至摔砸。

图 2-39 角磨机

角磨机如图 2-39 所示。

注意事项：

（1）工作时应佩戴护目镜，扎起长头发；不能一手拿着零件一手用角磨机进行加工。

（2）操作中，要注意配件是否完好，绝缘电缆线有无破损，有无老化等现象。检查缆线完好后，插上电源，等待砂轮转动稳定后才能工作。

（3）切割及打磨作业时，周围 1m 内不能有人员以及易爆物品；工作时不要朝着有人的方向，以免造成人员伤亡。

（4）如需更换砂轮片，必须断开电源后才能进行，以防不小心按下开关，造成不必要的事故。

三十三、半轴专用工具和刹车锅专用工具

半轴专用工具用于拆装电动三轮车半轴。刹车锅专用工具用于拆卸电动三轮车刹车锅。半轴专用工具如图 2-40 所示。刹车锅专用工具如图 2-41 所示。

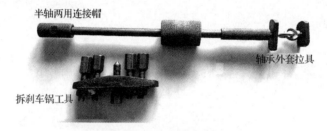

图 2-40 半轴专用工具

图 2-41 刹车锅专用工具

三十四、卡簧钳

卡簧钳是一种用来安装、拆卸内簧环和外簧环的专用工具，外形上属于尖嘴钳一类，钳头有内直、外直、内弯、外弯等形式。卡簧钳分为外卡簧钳和内卡簧钳两大类，分别用来拆装轴外用卡簧和孔内用卡簧。其中，外卡簧钳又称轴用卡簧钳，内卡簧钳又称穴用卡

簧钳。卡簧钳如图2-42所示。

图 2-42 卡簧钳

第二节 熟练使用电动自行车维修仪表

在电动自行车维修作业中，常用到各种不同的仪表和维修设备。正确合理地使用这些仪表和维修设备，有利于提高维修工作效率。

一、数字万用表的使用

现在，数字式测量仪表已成为主流，有取代模拟式仪表的趋势。与模拟式仪表相比，数字式仪表灵敏度高、准确度高、显示清晰、过载能力强、便于携带、使用更简单，是工厂、实验室、无线电爱好者及维修人员必不可少的理想工具。

数字万用表具有准确度高、误差小、读数直观的优点。由于它具有蜂鸣器挡，因而测量电路的通断比较方便。

下面以DT9205型数字万用表为例介绍数字万用表的使用方法。DT9205型数字万用表是一种性能稳定，功能齐全的手持式数字多用表，其外形如图2-43所示，可用于测量电阻的阻值、电流、电压和电容的容量，还具有测量温度、频率等功能。

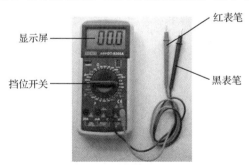

图 2-43 DT9205型数字万用表外形

使用前，应认真阅读使用说明书，熟悉电源开关、挡位开关、插孔、特殊插口的作用，将电源开关置于"ON"位置。

1. 测量直流电压

测量直流电压时表笔应与被测电路（或电池）并联。测量前将黑表笔插入"COM"

插孔，红表笔插入"VΩ"插孔。对于直流电压，需要将挡位开关置于"DCV"量程范围，并将测试表笔连接到被测对象上。读数时，同时会显示红表笔所接电源的极性。例如，红表笔接的为负极，则显示"-××"。如果被测电压范围未知，则首先将挡位开关置于最大量程挡，然后根据具体情况选择合适量程。如果显示"1"，则表示超过量程，挡位开关应置于更高量程。

技术指导

不要测量高于1000V的电压，虽然可能有读数，但会损坏内部电路。

直流电压测量示意图如图2-44所示。

图 2-44　直流电压测量示意图

2. 测量交流电压

测量交流电压时表笔也应与被测电路（或电池）并联。测量时表笔插孔与测量直流电压相同，但应将挡位开关置于"ACV"量程范围。测量方法与测量直流电压方法相同，但交流电压测量时无极性区别。

技术指导

不要测量高于750V有效值的电压，虽然可能有读数，但会损坏内部电路。

交流电压测量示意图如图2-45所示。

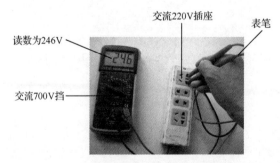

图 2-45　交流电压测量示意图

3. 测量电阻阻值

黑表笔插入"COM"插孔，红表笔插入"VΩ"插孔，并将挡位开关拨至合适量程。

当被测电阻的阻值大于 1MΩ 时，数秒后才可以稳定读数。在线检测电阻时，须关掉电源。测量电阻阻值时，红表笔为正极，黑表笔为负极。

电阻测量示意图如图 2-46 所示。

技术指导

不要用电阻挡测量电压；否则，会损坏内部电路。

4. 测量二极管

对二极管进行测量时，把挡位开关拨到 ⊳⊢ 挡位上。红表笔接正极，黑表笔接负极，此时二极管应导通，读数为 0.445mV 左右；若红表笔接负极，黑表笔接正极，此时二极管不导通，读数应为"1"。如果正、反向测量都不符合要求，则说明二极管损坏。二极管测量示意图如图 2-47 所示。

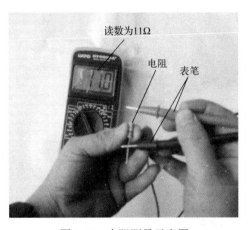

图 2-46　电阻测量示意图

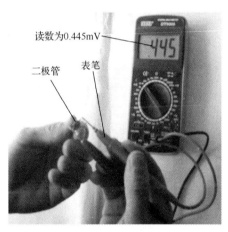

图 2-47　二极管测量示意图

5. 测量电流

测量电流时表笔应与被测电路（或电池）串联。测量前将黑表笔插入"COM"插孔，当被测电流小于 200mA 时，红表笔插入"mA"插孔；电流在 200mA～20A 范围时，红表笔插入"20A"插孔。将挡位开关置于"DCA"或"ACA"电流挡，选择适当的量程，最后将表笔串入被测电路中进行测量。测量直流电流时，数字万用表能自动显示极性。

用 20A 挡测量时如果显示"1"，则说明电流值已超出测量范围，应立即中断测量。

技术指导

测量电流时必须接上负载，由于"20A"插孔没有熔断器，因此测量时间必须小于 15s。

从"mA"插孔输入的最大电流值不得超过 200mA；否则，将烧坏仪表内部 0.2A/250V 熔断器。如果不慎烧坏，须用相同规格的熔断器进行更换。

电流测量示意图如图 2-48 所示。

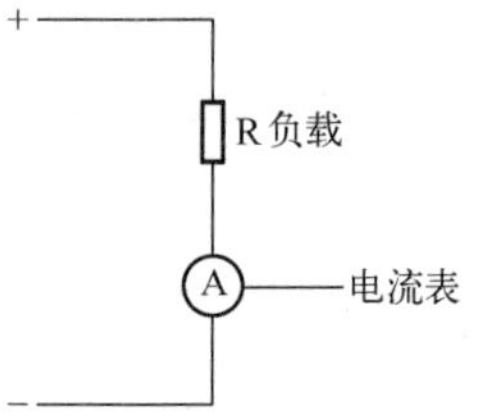

6. 测量电容

将挡位开关置于"F"电容挡，选择合适的量程，然后把红、黑表笔与被测电容的两个引脚连接。有必要时注意极性，待显示值稳定后读取数据。如果仪表显示"1"，则说明已超量程，应换用更高挡位进行测量。测量电解电容时，容量不得大于容量挡的最高挡 200μF。测量前先将被测电容放电；否则，将会损坏仪表或使测量不准确。

图 2-48　电流测量示意图

电容测量示意图如图 2-49 所示。

7. 检查线路通断的技巧

将功能开关拨到蜂鸣器测量挡位，把红、黑表笔放在待检查线路的两端。如果万用表发出声音，表示连线相通；否则，表明线路已断，如图 2-50 所示。

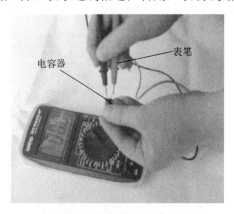

图 2-49　电容测量示意图

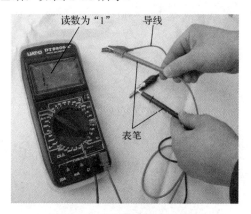

图 2-50　线路通断检查示意图

8. 数字万用表的使用技巧

使用数字万用表时，只有掌握正确的方法，才能确保测试结果的准确性和保证人身与设备的安全。

（1）检查蓄电池，将数字万用表的"ON/OFF"按钮按下，如果蓄电池电量不足，显示屏左上方会出现蓄电池正负极符号。

（2）注意测试表插孔旁的符号，测试电压和电流不要超出指示数字。此外，在使用前要先将挡位开关放置在合适的挡位。

（3）数字万用表内部电路及所使用的电源种类均不可改动；否则，将会造成永久性损坏。"COM"与"VΩ"或"VΩHz"插孔之间的输入电压不得大于 DC1000V 和 AC750V 的有效值。

（4）更换蓄电池和熔断器时，必须切断电源并终止所有测量工作。

① 更换蓄电池：用十字螺丝刀旋出仪表后盖或蓄电池门的螺钉，取出 9V 叠层蓄电池。

② 更换熔断器：打开仪表后盖，取出仪表线路板下方的熔断器，更换相同规格的熔断器即可。

（5）测量过程中，禁止旋转挡位开关，以免机内打火，损坏仪表。

（6）测量电压时不可用手触及金属带电部分，如表笔的测试端点。

第二章 电动自行车的维修准备

仪表使用完毕后,关闭电源。如果长时间不使用仪表,须将蓄电池取出。

 技术指导

(1)如果无法预先估计被测电压或电流的大小,则应先拨至最高量程挡测量一次,再视情况逐渐把量程减小到合适位置。测量完毕,应将量程开关拨到最高电压挡并关闭电源。

(2)满量程时,仪表仅在最高位显示数字"1",其他位均消失,表示超过量程,应选择更高的量程。

(3)测量电压时,应将数字万用表与被测电路并联;测电流时,应将数字万用表与被测电路串联,测直流电时不必考虑正、负极性。

(4)当误用交流电压挡去测量直流电压,或者误用直流电压挡去测量交流电压时,显示屏将显示"000",或者低位上的数字出现跳动。

(5)禁止在测量高电压(220V 以上)或大电流(0.5A 以上)时换量程,以防止产生电弧,烧毁开关触点。

(6)当显示"凸"、"BATT"或"LOW BAT"时,表示蓄电池电压低于工作电压,应更换万用表内 9V 蓄电池。

二、指针万用表的使用

1. MF47 型指针万用表概述

MF47 型指针万用表可以测量直流电流、交直流电压和直流电阻等,具有 26 个基本量程和电阻、电容、电感、晶体管直流参数等 7 个附加参考量程,具有量限多、分挡细、灵敏度高、体积轻巧、性能稳定、过载保护可靠、读数清晰、使用方便等优点,适合于电子仪器、无线电电信、电工、工厂和实验室使用。指针万用表检测、维修电子元器件比较方便。MF47 型指针万用表如图 2-51 所示。

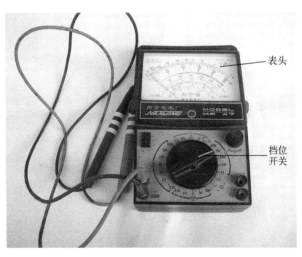

图 2-51 MF47 型指针万用表

2. MF47型指针万用表的使用技巧

（1）测量交直流电压

交流电压测量示意图如图2-52所示。直流电压测量示意图如图2-53所示。

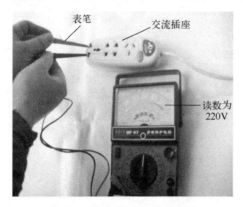 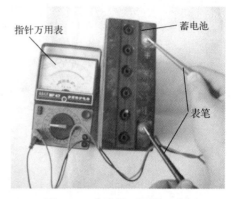

图2-52 交流电压测量示意图　　　　图2-53 直流电压测量示意图

（2）测量直流电流

直流电流测量示意图如图2-48所示。

技术指导

电流挡测量结束后，一定要把万用表表笔复位（红表笔插在原V/Ω位置），不要用电流挡测量电压，否则会损坏内部电路。

（3）测量电阻

挡位开关拨至所需测量的电阻挡，将测试表笔两端短接，并进行调零操作，然后分开测试表笔进行测量。

在线测量电阻时，应先切断电源。如果电路中有电容，则应先对电容进行放电。

测量电解电容漏电电阻时，转动挡位开关至×1kΩ挡，并将红表笔接电容负极，黑表笔接电容正极。

技术指导

不要用电阻挡测量电压、电流，否则会损坏万用表内部电路。

电阻测量示意图如图2-54所示。

（4）测量电容

挡位开关拨至×1kΩ挡，并将被测电容与测试表笔并联，可以简要判断电容充放电。电容测量示意图如图2-55所示。

（5）判别二极管极性

判别二极管极性时，选择×1kΩ挡，黑表笔一端测得阻值小的一极为二极管的正极。

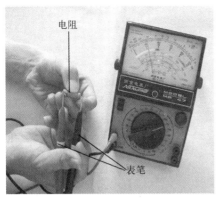
图2-54 电阻测量示意图

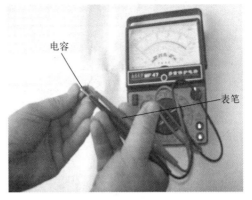
图2-55 电容测量示意图

技术指导

使用指针万用表时的注意事项：

（1）测量高压或大电流时，应先切断电源并变换量程。

（2）电压或电流大小未知时，应先选择最高挡，待第一次读取数值后，方可逐渐转至适当位置以获得较准确的读数。

（3）测量高压时，要站在干燥的绝缘板上，并采用一只手进行操作。

（4）蓄电池应定期检查、更换，以保证测量精度。如果长期不用，应取出蓄电池，以防止电解液溢出腐蚀而损坏其他零件。

（5）用小螺丝刀调节机械调零旋钮，使指针保持在静止时处在左端零位。欧姆调零旋钮用来测量电阻时使指针对准右端零位，以保证测量数值准确。将两支表笔短接，欧姆调零旋钮旋至最大，如果指针仍未达到零位，则可能是表内蓄电池电压不足造成的，应更换新蓄电池。

（6）测量电阻时，必须切断电源，以免烧坏万用表。每次换挡后，都应进行调零操作。测量电阻时，不要用手触及元器件的两端，以免人体电阻与待测电阻并联，影响测量结果。

（7）测量直流电压和直流电流时，正、负极不要接错。如果发现指针开始反转，应立即调换表笔，以免损坏指针和表头。

三、万用表的常用字母与符号

表2-2列出了万用表的常用字母与符号。

表2-2 万用表的常用字母与符号

字母与符号	表 示 意 义
V	电压值刻度
A	电流值刻度
Ω	欧姆值刻度

续表

字母与符号	表 示 意 义
DC 或 -	直流电参量测量
AC 或 ~	交流电参量测量
20000Ω/V-	直流电压挡灵敏度值
5000Ω/V~	交流电压挡灵敏度值
-2.5	直流电压挡准确度值（±2.5%）
~4.0	交流电压挡准确度值（±4.0%）
3kV	电表的绝缘等级值
+，-	测量表笔的正、负极性

四、蓄电池容量检测表的使用

1. 概述

蓄电池容量检测表是一种便携式检测蓄电池的仪表，可以测量各种规格的汽车蓄电池和其他用途铅酸蓄电池的容量状态。在标度盘上直接指示"充足""正常""重充""放完"等，快速直观地对蓄电池做出质量判断。

外壳下方有红、黑两支表笔，表盘上有白、绿、黄、红四种颜色，分别表示"充足""正常""重充""放完"，可测试单只 6~12V 蓄电池。

蓄电池容量检测表与蓄电池配用还可检查汽车的前灯开关、尾灯开关、继电器开关、启动开关等各种电器开关的质量。蓄电池容量检测表外形如图 2-56 所示。

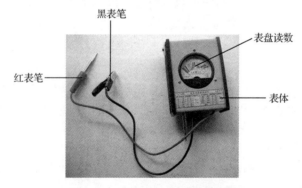

图 2-56 蓄电池容量检测表外形

2. 结构特点

蓄电池容量检测表由直流电压表、负载电阻、外壳和表笔等组成，表盘上标有各种蓄电池的容量状态指示，以白、绿、黄、红四种颜色表示。仪表正面附有各种气缸容积的汽车发动机所需蓄电池规格的对照牌，供用户参考。

3. 技术参数

被测蓄电池额定电压：2V、6V、12V。

被测蓄电池额定容量：2~150A·h。

外形尺寸：210mm×124mm×68mm。

质量：约 0.82kg。

4. 使用技巧

使用前应先检查仪表指针是否指在标度盘左端的零位上，如不指在零位，可旋转表盖中部的调零器，使指针指在零位。

（1）蓄电池测试

将仪表的黑表笔接蓄电池负极，红表笔接蓄电池正极，测试 2V 单格蓄电池时读左端 0～2.5 刻度（数字表示伏特数）。

测试 6V 蓄电池时按不同的容量读 6V 箭头所指的六条刻度（刻度旁的数字是蓄电池的容量范围，如 120A·h 等）。测试 12V 蓄电池时则按不同的容量读 12V 箭头所指的五条刻度。

当所测蓄电池的额定容量和仪表标度盘上刻度有出入时，可选读相近的刻度。如测试 150A·h 的蓄电池时，读 120（6V）或 100～120（12V）刻度。

蓄电池容量检测示意图如图 2-57 所示。

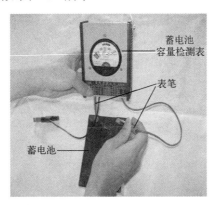

图 2-57　蓄电池容量检测示意图

（2）开关检测技巧

检查汽车上的各种开关质量时，将仪表和开关串接于蓄电池正、负极间，将此时的指示刻度与撤去开关后的刻度（即分别在 A、B 点测量）相比，如相差 3 格刻度以上则表示开关质量不好。读标度盘中下部的 0～10 刻度。

技术指导

（1）每次测试时间不得超过 3s。
（2）蓄电池电解液不足时不能测试。
（3）检测表左下端的锥形触头与黑表笔同为负极，测试时也可用该触头测量。

表 2-3 列出了蓄电池容量检测情况。

表 2-3　蓄电池容量检测情况

空载电压	放电电压	判断	原因	处理方法
12.5V 以上	10V 以上绿区	好	正常	正常
12～14V	9～10V 绿-黄区	良好	1. 充电不好 2. 比重有误差	1. 充电后再测量 2. 调整电解液

续表

空载电压	放电电压	判断	原因	处理方法
11V以下	9V以下红色区	不良	1. 严重放电 2. 内部有故障	1. 充电后再测量 2. 更换新电池

五、LY-2无刷电动车综合检测仪使用

LY-2无刷电动车综合检测仪外形如图2-58所示。

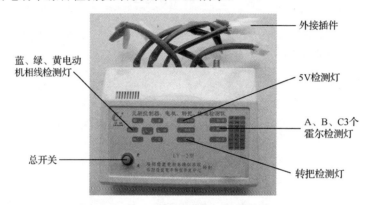

图2-58 LY-2无刷电动车综合检测仪外形

1. 概述

① 外形尺寸：15cm×9.5cm×7.5cm。

② 本检测仪首次采用微电脑控制芯片，能够进行转把、助力传感器、无刷控制器、电动机线圈、电动机霍尔测试，是维修电动自行车的必备工具。

2. 转把、助力传感器的检测及故障识别

（1）转把检测

连接被测转把时请先不要打开红色按钮开关，把被测转把上的三根线与仪器上的"测转把"连接，连接时一定要确认好转把上的三根线，即红色接红色，黑色接黑色，绿色接其他一根，然后打开检测仪红色开关按钮，缓缓转动转把，如果看到面板上的"测转把"灯从不亮至渐渐变得最亮，则是一个正转把，并且完好；如果灯从亮到不亮，则为反转把，并且完好。

如果检测时，发现"测转把"灯一直亮，说明转把内霍尔元件被击穿，若出现微亮，则说明转把内霍尔元件截止不彻底，不能使用。若调节转把，"测转把"灯一直没有变化，则说明转把内部磁铁脱落或者霍尔元件损坏。转把检测如图2-59所示。

（2）助力传感器检测

检测助力传感器与检测转把方法基本相同。把助力传感器三根线与面板的测转把三根线相连，然后转动脚蹬，会发现"测转把"灯不停闪烁；若不亮或一直亮，则助力传感器与塑料磁盘有距离或者助力传感器内霍尔元件损坏。

3. 无刷控制器的检测及故障识别

（1）连接控制器

① 将检测仪的"控制转把线"与控制器转把线连接。

第二章 电动自行车的维修准备

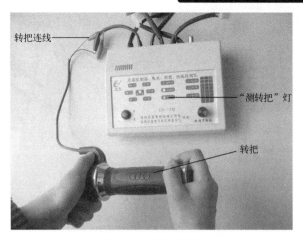

图 2-59 转把检测

② 将检测仪的"控制器霍尔线"与控制器霍尔线对接。
③ 将检测仪的"电机控制器公用相线"与控制器三根相线连接。
④ 将检测仪的"控制器电源"与控制器供电电源连接（正、负极不能接错）。
⑤ 充电器插头插到"充电器插座"（请选用与被测控制器电压相符的电动自行车充电器）。

（2）控制器检测

① 确认控制器与检测仪连接正确后接通充电器电源，此时察看面板中的"控制 5V"灯是否点亮，如果不亮，可断定控制器没有 5V 输出，则说明控制器损坏；如果"控制 5V"灯有规律地闪烁，则可以断定控制器 5V 输出正常，可进行下一步的操作。

② 调节检测仪面板控制器转把调节旋钮，顺时针慢慢旋转，此时观察检测仪面板左侧 HA、黄、HB、绿、HC、蓝六个灯（HA、黄为一组，HB、绿为一组，HC、蓝为一组）是否交替闪亮，如果灯都不亮，则说明控制器已经损坏；如果一组灯不亮，则说明控制器上与灯对应的相线没有输出（仪器引出线与面板所标颜色相对应），需要检修控制器对应部分（一般为 MOS 管损坏）；如果三组灯交替闪烁，则看其亮度是否随面板调节旋钮转动而有所变化（由不亮到亮，亮暗区分），若有变化则说明正常，若无变化则为控制器控制部分失控。

4. 无刷电动机的检测及故障识别

（1）电动机绕组检测

用检测仪的"电动机控制器公用相线"的三只夹子分别连接电动机引出的三根相线（通常电动机引出线为蓝、绿、黄粗线，无须考虑颜色和顺序，可以随意连接），然后顺时针转动电动机（沿车辆正常的前进方向），可以看到检测仪上黄、绿、蓝三个指示灯（LED）点亮且闪烁，说明正常；如果有一个、两个或三个不亮，说明有故障，其中哪个指示灯不亮，说明这一组绕组有故障或接触不良。

（2）电动机霍尔检测

用检测仪的六芯插头连接好电动机的六芯插件（电动机的五根细线，颜色为红、黑、蓝、绿、黄），除了红、黑引线必须正确连接，其他引线可以随意连接，然后顺时针转动电动机（沿车辆正常的前进方向），可以看到检测仪上中间一列的三个指示灯（LED）交替发光，说明电动机霍尔正常；如果有一个、两个或三个指示灯一直不亮或者一直亮，说明这一组霍尔有故障或者接触不良。电动机霍尔检测如图 2-60 所示。

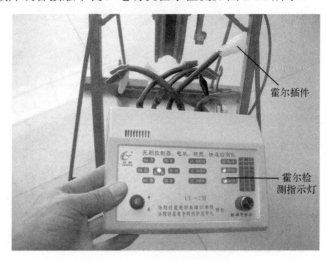

图 2-60　电动机霍尔检测

（3）电动机相位角检测

用检测仪的六芯插头连接好电动机的六芯插件（电动机的五根细线，颜色为红、黑、蓝、绿、黄），除了红、黑引线必须正确连接，其他引线可以随意连接，然后观察仪器上的 60°指示灯，灯亮为 60°电动机，灯不亮为 120°电动机（不用转动电动机）。

（4）电动机相序检测

① 60°电动机。用检测仪的六芯插头连接好电动机的六芯插件（电动机的五根细线，颜色为红、黑、蓝、绿、黄），除了红、黑引线必须正确连接，其他引线可以随意连接，然后顺时针转动电动机（沿车辆正常的前进方向），可以看到检测仪上右侧三个指示灯（LED）交替发光，Ha、Hb、Hc 三个指示灯状态变化为 100-110-111-011-001-000（1-亮、0-灭）六个状态循环，如果状态变化顺序相反，则随意换掉黄、绿、蓝中的任意两根引线（此时如果顺时针转动电动机，可以发现从左到右 Ha、Hb、Hc 三个指示灯状态变化为正确状态，顺序为 100-110-111-011-001-000 六个状态循环）。此时记住测试仪蓝、绿、黄三根细线的正确顺序状态对应电动机的三根细线的颜色顺序，此颜色顺序即为霍尔 Ha、Hb、Hc 的相序。

② 120°电动机。用本测试仪的六芯插头连接好电动机的六芯插件（电动机的五根细线，颜色为红、黑、蓝、绿、黄），除了红、黑引线必须正确连接，其他引线可以随意连接，然后顺时针转动电动机（沿车辆正常的前进方向），可以看到检测仪上右侧三个指示灯（LED）交替发光，如果 Ha、Hb、Hc 三个指示灯状态变化为 100-110-111-011-001-000 六个状态循环，如果三个指示灯状态变化顺序相反，则随意调换蓝、绿、黄中任意两根引线（此时如果顺时针转动电动机，可以发现从左到右 Ha、Hb、Hc 三个指示灯状态变化为正确状态，顺序为：100-110-010-011-001-101 六个状态循环）。此时记住测试仪黄、绿、蓝三根细线的正确顺序状态对应电动机的三根细线的颜色顺序，此颜色顺序即为霍尔 Ha、Hb、Hc 的相序。

（5）绕组相序检测

通过以上检测，已经知道霍尔 Ha、Hb、Hc 相序，颜色顺序完全一致，因此绝大多数厂家的电动机绕组相序和霍尔相序颜色已经确定。但是有的电动机厂家的电动机绕组相序和霍尔相序颜色顺序不一致（有的相反，有的完全没有规律），这时可以先将霍尔 Ha、Hb、Hc 与标准控制器正确连接，再通过最多六次不同接法（改变绕组）来判断电动机绕组顺序（正确时电动机运转平稳，无噪声，空载电流较小，一般不超过 1A）。这样所有厂家的电动机绕组相序和霍尔相序颜色顺序就可以确定了。

5．使用注意事项

（1）使用时，请不要用力拉拔检测仪的插头线。

（2）请不要将检测仪放置在高温处。

（3）尽量不要让检测仪导线沾染油污等腐蚀性物品。

（4）无辨别能力的人和小孩禁止操作检测仪。

（5）上文中的"0"表示灭，"1"表示亮。

（6）检测仪不用时请关闭开关，使用时打开开关（测量电动机绕组时无须打开开关，只有在测量电动机霍尔和电动机相位时才需要打开开关）。

（7）打开检测仪电源开关，如果 Ha、Hb、Hc 三个发光管（LED）明显不够亮或者不亮，说明仪器内电池电量不足，需要更换。

（8）用螺丝刀取下检测仪上盖的两个螺钉，小心打开上盖，取下旧电池，装上 9V 专用新电池，然后装好上盖，紧固好螺钉。注意：螺钉不要拧得过紧，以防损坏仪器固定孔。

六、LM 系列电动车快速充电站

1．LM-1 投币式电动车快速充电站

LM-1 投币式电动车快速充电站外形如图 2-61 所示。

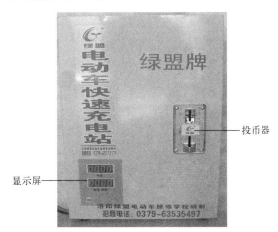

图 2-61 LM-1 投币式电动车快速充电站外形

（1）外形尺寸

（长）28cm×（宽）16cm×（高）40cm，质量为 7kg。

（2）产品概述

① LM-1 投币式电动车快速充电站是一款具有液晶显示、充电过程全程语音提示的快速充电设备。该设备适于电动自行车、电动三轮车、电动汽车铅酸蓄电池的快速充电，可对一辆电动自行车进行快速充电。投币 1 元可充电 10min，骑行 15～20min，耗电 0.1

度，可快速有效地解决电动自行车中途没电推行的困难。

② 该充电站无须专人值守，适合商场、报亭、小区、电动自行车维修部、蓄电池维修部等场合使用。该充电站设备小、耗电省、回报高。

(3) 性能特点

① 设备采用单片机智能控制设计，使用简单，到时报警、自停。

② 电路采用自动极性转化，无须担心电池极性问题。

③ 自动电压识别，并可根据蓄电池电压自动调整充电参数，保证蓄电池寿命和安全。

④ 充电时间倒计时显示。

⑤ 采用先进的脉冲充电技术（麦斯曲线），充电+修复+维护。

⑥ 内置风扇，有利散热，提高了设备的稳定性。

⑦ 充电过程全程语音提示，结束提示，完全智能化。

⑧ 具有充电时间、电压、电流显示功能，使用方便。

⑨ 总投币计数保存，方便管理。

⑩ 机箱采用汽车喷漆涂层，机箱边槽防水设计。

(4) 技术指标

① 充电路数：1 路。

② 输入交流电压：220V+20V。

③ 交流保险：10A。

④ 蓄电池充电电压：80V/72V/60V/48V/36V 自动识别。

⑤ 单路最大输出电流：10A。

⑥ 空载功率：8W；最大功率：800W。

⑦ 设有保险装置，具有过载保护功能。

⑧ 安装使用方便，具备 220V 交流电源即可安装。

⑨ 具有识别真假币、防钓币、防伪币功能。

⑩ 一次最多投币 10 枚，如需再次充电，须等本次充电结束后，方可再次投币。

(5) 蓄电池充电电压参数

① 45V（36V 电动自行车）。

② 60V（48V 电动自行车）。

③ 75V（60V 电动自行车）。

④ 80V（64V 电动自行车）。

(6) 使用方法

LM-1 投币式电动车快速充电站工作图如图 2-62 所示。

① 使用前请仔细阅读说明书，了解设备的各项功能。

② 插上 220V 交流电源，打开电源开关，投币器上方显示屏显示"00.00"。

③ 将充电线插头插入电动自行车充电插座，显示屏上方会显示蓄电池电压，下方会显示充电时间。语音提示："请投币。"

④ 从投币口投入一元硬币，语音提示："现在正在充电，请稍候。"充电站开始工作，此时时间显示屏倒计时。

⑤ 等时间归零后，机器自动断开充电电源，充电结束。语音提示："充电已完成，请断开连接线。"拔下连接线即可。

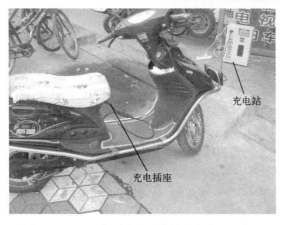

图 2-62　LM-1 投币式电动车快速充电站工作图

⑥ 本机一次最多可投 10 个硬币，如需再次充电，须等这次充电时间结束后，方可再次投币。

⑦ 显示屏下面有个黑色按键，按一次显示充电电流，再按一次显示总投币数。

（7）注意事项

① 充电站不插蓄电池工作时，输出端子无电压。

② 单路每次充电完毕后，必须等电压表归零后，再进行第二次充电，以免造成设备损坏。如果充电中途中断充电，则应关闭电源开关，如需继续充电，应再打开电源开关，这样才能再次充电。

③ 充电站只能作为应急补充充电，不能作为日常充电使用。

④ 外接电源插座时，应选用 2.5mm^2 以上电源线。

⑤ 当电动自行车蓄电池组有故障或蓄电池损坏时，充电站将不能正常工作。

⑥ 由于充电站脉冲电流较大，机箱内的继电器是易损件，如果损坏应更换同型号的继电器。继电器的型号为 JQX-13F，线圈电压为 DC36V，8 个引脚。

⑦ 为了保证人身安全，使用前应接好地线再开始使用。

2．LM-2 投币式电动车快速充电站

LM-2 投币式电动车快速充电站外形如图 2-63 所示。

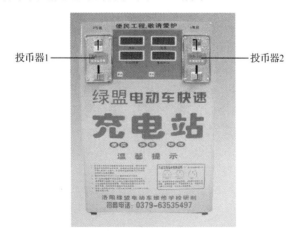

图 2-63　LM-2 投币式电动车快速充电站外形

（1）外形尺寸

（长）32cm×（宽）14cm×（高）50cm，质量为12kg。

（2）产品概述

LM-2 投币式电动车快速充电站是一款具有液晶显示、充电过程全程语音提示的快速充电设备。该设备适于电动自行车、电动三轮车、电动汽车铅酸蓄电池的快速充电，可同时对两辆电动自行车进行快速充电。投币 1 元可充电 10min，骑行 15~20min，耗电 0.1 度，可快速有效地解决电动自行车中途没电推行的困难。

3. LM-3 投币式电动车快速充电站

LM-3 投币式电动车快速充电站外形如图 2-64 所示。

（1）外形尺寸

（长）35cm×（宽）35cm×（高）65cm，质量为25kg。

（2）产品概述

LM-3 投币式电动车快速充电站是一款具有液晶显示、充电过程全程语音提示的快速充电设备。该设备适于电动自行车、电动三轮车、电动汽车铅酸蓄电池的快速充电，可同时对 3 辆电动自行车进行快速充电。投币 1 元可充电 10min，骑行 15~20min，耗电 0.1 度，可快速有效地解决电动自行车中途没电推行的困难。

4. LM-4 投币式电动车快速充电站

LM-4 投币式电动车快速充电站外形如图 2-65 所示。

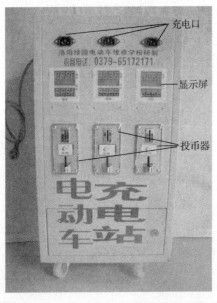
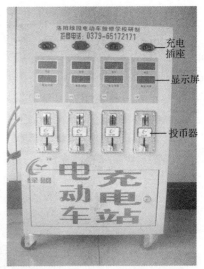

图 2-64　LM-3 投币式电动车快速充电站外形　　图 2-65　LM-4 投币式电动车快速充电站外形

（1）外形尺寸

（长）50cm×（宽）35cm×（高）90cm，质量为30kg。

（2）产品概述

LM-4 投币式电动车快速充电站是一款具有液晶显示的快速充电设备。该设备适于电动自行车、电动三轮车、电动汽车铅酸蓄电池的快速充电，可同时对 4 辆电动自行车进行充电。充电时间由用户任意设定，到时断电。例如，1 元充电时间为 10min，骑行 5~

10km，耗电 0.1 度，可快速有效地解决电动自行车中途没电的困难。

七、LY-3 电动车四大件检测仪

1. 产品介绍

电动车四大件检测仪是集检测充电器、控制器、电动机、蓄电池四合一的检测仪器，可检测引起电动自行车里程不足的各种因素。该检测仪功能齐全、性能优越、操作简单、携带方便，很大程度上提高了电动自行车经销商的售后服务质量。LY-3 电动车四大件检测仪外形如图 2-66 所示。

图 2-66　LY-3 电动车四大件检测仪外形

2. 技术参数

显示电源：DC5V±1V。

采样速率：5 次/秒。

显示数码管：0.56in。

零点显示：自稳定。

超限显示：EEE 或—EEE。

3. 使用方法

LY-3 电动车四大件检测仪面板如图 2-67 所示。

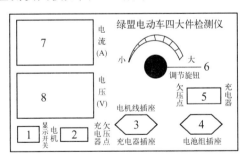

图 2-67　LY-3 电动车四大件检测仪面板

4. 检测充电器性能

（1）开启显示开关 1，调节旋钮 6 至最小位置。

（2）充电器接上交流 220V，输出插头接入插座 3，显示屏 8 显示充电器静态电压（触发式充电器不显示电压），2、5 均切换至充电器挡位，显示屏 7 显示充电电流，显示屏 8 显示充电电压。

（3）触发式充电器须知充电器最大电流。插座 4 接入极性一致的蓄电池组（电池不欠充），2 切换至电机挡位，显示屏 7 显示充电器最大充电电流。触发式充电器 2 切换至充电器挡位，显示屏 7 显示充电电流。

（4）调节旋钮 6 就能测量该充电器是否转绿灯及转绿灯前后充电器的电流、电压等参数。

5. 检测控制器欠压保护点

（1）用支架支起电动自行车，关闭电动自行车电源开关。

（2）蓄电池组与控制器电源输入插头分离（断开），开启显示开关 1。

（3）蓄电池组接入插座 4，控制器电源输入插头接入插座 3，2、5 均切换至欠压点挡位，显示屏 8 显示蓄电池组电压，显示屏 7 显示为零。

（4）打开电动自行车电源开关，显示屏 7 显示的电流值即为电动自行车开锁电流。

（5）调节旋钮 6 至最大位置后，慢慢转动电动自行车转把，显示屏 7 显示的电流值逐渐上升，显示屏 8 显示的电压值逐渐下降，直至电动自行车控制器断电；由于蓄电池容量充足，控制器不断电，此时从大到小调节显示屏 6 直至控制器断电，显示屏 8 显示的电压即为该控制器欠压保护点。

6. 检测电动机电流

（1）用支架支起电动自行车，关闭电动自行车电源开关。

（2）蓄电池组与控制器电源输入插头分离，开启显示开关 1。

（3）蓄电池组接入插座 4，控制器电源输入插头接入插座 3，2 切换至电机挡位，显示屏 8 显示蓄电池组电压值，显示屏 7 显示为零。

（4）打开电动自行车电源开关，显示屏 7 显示的电流值即为电动自行车开锁电流。

（5）转动电动自行车转把至最大转速，显示屏 7 显示的电流值即为电动机空转电流。

（6）放下支架，电动自行车负载启动，显示屏 7 显示的电流值即为电动机启动电流。

（7）无坡度，电动自行车保持最大行驶速度，显示屏 7 显示的电流值即为电动机平行电流。

（8）电动自行车加重负载（或顶墙）至控制器断电保护，显示屏 7 显示的电流值即为控制器限流保护点。

7. 检测蓄电池

（1）开启显示开关 1。

（2）2 切换至电机挡位（最重要），充满电量的蓄电池组接入插座 4，放电电阻（或电炉丝）接入插座 3，显示屏 8 显示电压值，显示屏 7 显示放电电流。

（3）根据需要调节放电电阻确定放电电流值，放电过程中保持放电电流值不变，根据蓄电池的放电时间就可确定蓄电池容量。

8. 注意事项

（1）该仪器为精密电子仪器，应放置在通风良好的桌面上使用。

（2）蓄电池在检测过程中会放出热量，因此仪器散热孔不能被堵住，以免影响通风散热，造成仪器损坏。

（3）仪器内置有可充电电池，随机配送有充电器，可对仪器内电池进行充电。如果发现仪器面板上的仪表显示较暗时，请及时用随机充电器对仪器内电池补充充电。

第三节 电子电路基础知识

一、电压

在电路中，任意两点之间的电位差称为这两点的电压。电压是形成电流的原因，有交流电压和直流电压。交流电压一般是指大小和方向随时间做周期性变化的电压；直流电压是指大小和方向不随时间做周期性变化的电压。

电压可以用万用表电压挡测量，测量时，应把电压表并联在电路中。交流电压的测量示意图如图2-68所示。直流电压的测量示意图如图2-69所示。

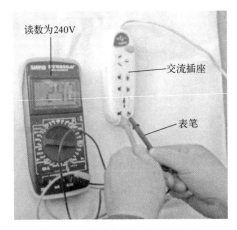

图2-68　交流电压的测量示意图

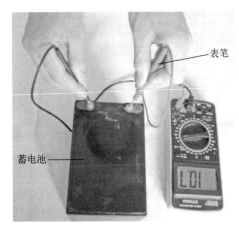

图2-69　直流电压的测量示意图

二、电流

电流分直流电流和交流电流两种。大小和方向不随时间变化的电流叫作直流电流；大小和方向随时间变化的电流叫作交流电流。电流常用 I 表示，是指单位时间内通过导线某一截面的电荷量。安培是国际单位制中电流的基本单位。除了安培（A），常用的单位还有毫安（mA）和微安（μA）。

电流可以用万用表电流挡测量，测量时，应把电流表串联在电路中。被测电流不要超过电流表的量程，这样可以防止电流过大而损坏电流表。正、负接线柱的接法要正确，电流从正接线柱流入，从负接线柱流出。

技术指导

绝对不允许不经过用电器而把电流表直接连接到电源的两极上，这样会损坏电流表。

电流测量电路如图2-70所示。

三、电阻

电阻器简称电阻,通常用 R 表示,是所有电子电路中使用最多的元件。电阻的主要物理特征是变电能为热能,也可说它是一个耗能元件,电流经过它就产生内能。电阻在电路中通常起分压、分流的作用,对信号来说,交流信号与直流信号都可以通过电阻。

电阻都有一定的阻值,它代表这个电阻对电流流动阻挡力的大小。电阻的单位是欧姆,用符号Ω表示。此外,还有兆欧(MΩ)和千欧(kΩ)。

电阻可以用万用表欧姆挡(电阻挡)测量。电阻的测量示意图如图2-71所示。

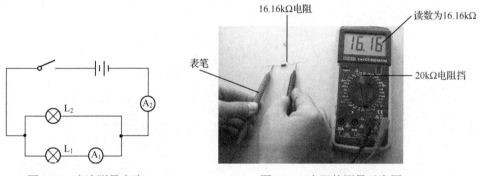

图2-70 电流测量电路　　　　图2-71 电阻的测量示意图

（1）导体

导电的物体称为导体。导体之所以导电,是因为它的电阻率为零。例如,常见的金属铜、铝、锡、金、银都是导体,因此我们用铜和铝作导线。铜导线如图2-72所示。

（2）绝缘体

不导电的物体称为绝缘体。绝缘体不导电是因为它的电阻率为无穷大。例如,常见的塑料、橡胶、玻璃、陶瓷都是绝缘体。带塑料绝缘层的铜导线如图2-73所示。

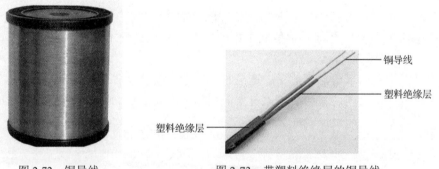

图2-72 铜导线　　　　图2-73 带塑料绝缘层的铜导线

（3）半导体

半导体的绝缘电阻在导体和绝缘体之间。例如,硅和锗就是半导体材料。半导体二极管如图2-74所示。半导体三极管如图2-75所示。

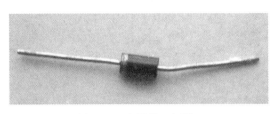

图 2-74　半导体二极管

图 2-75　半导体三极管

四、欧姆定律

导体中的电流（I）和导体两端的电压（U）成正比，和导体的电阻（R）成反比，即 $I=U/R$。这个规律叫作欧姆定律。在交流电路中，欧姆定律同样成立，但电阻 R 应改成阻抗 Z，即 $I=U/Z$。

五、功率

功率就是表示物体做功快慢的物理量。功率用 P 表示，单位是瓦特，简称瓦，符号是 W。

对于直流电来说，功率=电压×电流。在这个公式中，已知任意两个参数，就可求得另一个参数。例如，电动自行车的额定工作电压为 48V，电动机的额定功率为 500W，那么电动自行车的工作电流就为 10.4A。

六、电路

电路是电流所流经的路径。也可以说，电流流过的回路叫作电路，又称导电回路。最简单的电路是由电源、负载、导线、开关四要素组成的。电路导通叫作通路。只有通路，电路中才有电流通过，电路工作正常。电路某一处断开叫作断路或者开路，电路不工作。如果电路中电源正、负极（或火线和零线）间没有负载而是直接接通就叫作短路，这种情况是绝不允许的。开路（或断路）是允许的，而短路绝不允许，因为电源的短路会产生短路电流，导致电源、用电器、电流表被烧坏。最简单的电路如图 2-76 所示。

（1）并联电路

并联电路是电路、线路或元器件为达到某种设计要求的功能的连接方式，是对两个同类或不同类的元器件、电路、线路等首首相接，同时尾尾也相连的一种连接方式。

并联电路特点：

① 各支路的电压都相等，并且等于电源电压。

② 总电阻的倒数等于各支路电阻的倒数和。

③ 各支路电流之比等于各支路电阻的反比。

并联电路的优点：可使一个用电器独立完成工作，适于电动自行车前大灯和后尾灯、前转向灯和后转向灯。并联电路的缺点：由于各支路电流加起来等于总电流，因此并联电路中电流消耗大。

并联电路如图 2-77 所示。

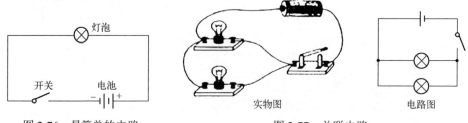

图 2-76　最简单的电路　　　　图 2-77　并联电路

（2）串联电路

串联电路即电流依次通过每一个组成元器件的电路。串联电路的基本特征是只有一条线路。串联电路的特点是开关可以在任何位置控制整个电路，与所在的位置无关。串联电路的优点：在电路中，若想控制整个电路，即可使用串联电路。串联电路的缺点：若电路中有一个用电器坏了，整个电路都断了。

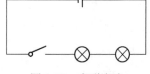

图 2-78　串联电路

串联电路如图 2-78 所示。

七、负载和空载

负载是指电路中的各类用电器。例如，灯泡能把电能转换为光能，风扇能把电能转换为风能，灯泡和风扇就叫作负载。又如，给充电器插上蓄电池，然后接上电源，蓄电池就叫作负载。

空载指电路中不接用电器。它是拖动设备在没有加载任何负荷的情况下仅保持自身运转时的状态。例如，给充电器插上交流电，不插蓄电池充电，就叫空载。

八、电路图和框图

电路图是用导线将电源、开关、用电器、电流表、电压表等连接起来组成电路，再按照统一的图形符号将它们表示出来，这样绘制出的图就叫电路图。

用方框表示电路工作原理的图就叫作框图。

第四节　元器件的拆卸及焊接技巧

一、拆卸技巧

1. 元器件的拆卸技巧

元器件的拆卸方法有吸锡器法、吸锡电烙铁法、针头分离法和金属线吸锡法。

（1）吸锡器法

吸锡器法示意图如图 2-79 所示。吸锡器法是用专用吸锡器拆卸旧元器件，使用时先把吸锡器的压簧压下，一手把吸锡器头部放到被拆卸元器件的引脚最近处，一手用电烙铁熔化被拆卸元器件的焊点处焊锡，然后把吸锡器压簧松开，即可把元器件引脚处的焊锡吸去。如果一次吸不净焊锡,可多吸几次。此法适合各种元器件的拆卸。

(2) 吸锡电烙铁法

吸锡电烙铁如图 2-80 所示。吸锡电烙铁法是用吸锡电烙铁加热并吸去元器件引脚处的焊锡,使用方便,适合初学者使用。

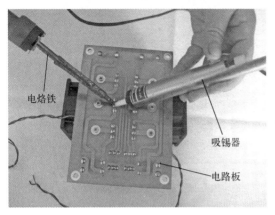

图 2-79 吸锡器法示意图

图 2-80 吸锡电烙铁

(3) 针头分离法

针头分离法示意图如图 2-81 所示。针头分离法是用空心针和电烙铁结合拆卸元器件。此法适合拆卸集成电路引脚。

(4) 金属线吸锡法

金属线吸锡法示意图如图 2-82 所示。金属线吸锡法是将金属线放在元器件引脚上并用电烙铁对其加热,利用金属线吸去元器件引脚上的焊锡。

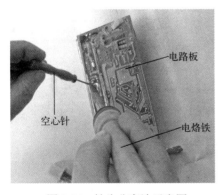

图 2-81 针头分离法示意图

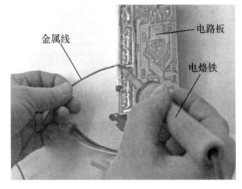

图 2-82 金属线吸锡法示意图

2. 拆卸集成电路技巧

拆卸集成电路示意图如图 2-83 所示。拆卸时,用电烙铁加热电路引脚焊锡,直至所有焊锡熔化,用吸锡器吸掉焊锡,用镊子或集成电路专用钳将集成电路从印制电路板上取下。

3. 拆卸大功率元器件技巧

拆卸大功率元器件示意图如图 2-84 所示。拆卸时,将大三极管或三端稳压的引脚剪断,然后分别焊下它们的引脚,这样就可以避免拆卸大管脚元器件时损坏印制电路板焊盘。

 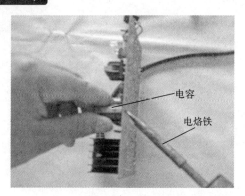

图 2-83　拆卸集成电路示意图　　　　图 2-84　拆卸大功率元器件示意图

二、焊接技巧

技术指导

焊接技术的基本要求有两点：一是熟悉电子产品的安装与焊接工艺；二是基本掌握安装与手工焊接技术，能独立完成电子元器件的安装与焊接。

焊接技术是一项重要的基础技术，也是维修人员必须掌握的基本操作技能。焊接是电动自行车维修过程中导线连接和元器件安装的一种常用方法。在电动自行车维修过程中要严格控制焊接的质量。

焊接是利用加热手段，在两种金属的接触面，形成一种新的牢固的结合，使这两种金属永久地连接在一起。利用焊接的方法进行连接而形成的连接点称为焊点。焊接一般采用锡铅焊料进行焊接，简称锡焊。

1. 锡焊的优点

（1）操作方便，工具简单，整修焊点、拆换元器件及重新焊接方便。

（2）易于形成焊点，便于利用手工电烙铁焊接，焊点大小有一定的自由度，可以一次形成焊点。如果采用机器焊接，则可成批形成焊点。

（3）焊料的熔点低，锡焊的熔化温度为 180～320℃，对金、银、铜、铁等金属材料都具有良好的可焊性。

（4）自动化焊接方便。由于焊料的熔点低，有利于浸焊、波峰焊和再流焊的实现，便于流水线生产，实现焊接自动化。

2. 锡焊焊接机理

锡焊必须将焊料、焊件同时加热到一定的焊接温度，在电路板铜箔上和元器件相互浸润、扩散，最后形成结合层。了解锡焊这一基本原理，有助于理解焊接工艺的各种要求，尽快掌握焊接方法。

3. 焊接方法及窍门

常用的传统焊接方法是手工焊接，如图 2-85 所示。

焊接前，把电烙铁加热到合适的温度，沾松香挂锡，挂锡量要适度，如果挂锡太多，可抖掉一些。焊接时，首先把导线或元器件安装好，然后左手拿焊锡丝，右手拿电烙铁，接触几秒，烙铁头离开焊点，几秒钟后焊点凝固。要求焊点光滑、牢固、质量可靠。

第二章 电动自行车的维修准备

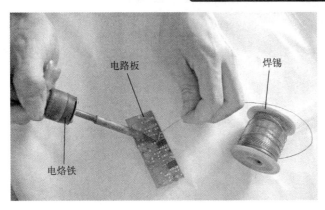

图 2-85 手工焊接

焊接的窍门在于能否一次性焊接好。因为电烙铁是有一定热量的,如果将电烙铁长时间停留在焊接处,很可能会使电烙铁上的热量传递到非焊接的元器件上,损坏高精度的元器件。这是电子元器件焊接时需要特别注意的地方。

技术指导

(1)焊接前,要刮干净元器件引脚表面的氧化层。如果不刮净氧化层,焊接后时间一久,氧化层扩大,会引起接触不良。这是维修中常见的故障,这类故障很难排除。

(2)焊接半导体元器件时,焊接时间不要过长,以免烧坏元器件,一般 3~5s 为宜,只要焊锡完全熔化即可。焊完一个元器件后,要等待几秒,待焊点自然凝固后再松开手,这样才能焊接牢固。重要的是控制好焊接的时间,电烙铁停留的时间太短,焊锡不易完全熔化,会形成"虚焊";而焊接时间太长,又容易损坏元器件,或使印制电路板的铜箔翘起。

(3)要保证焊接质量,除了要有助焊剂和低熔点焊锡丝,更重要的是掌握好烙铁的温度。一般用烧热的烙铁头去沾松香,看见有烟冒出,同时还能听见轻微的"扑哧"声,说明烙铁头温度正合适。如果有烟但听不见"扑哧"声,说明温度不够,化不开锡也焊不牢。如果扑哧声太大,冒烟过多,表明烙铁头温度太高,这时焊出的焊点发黏,焊点也无光泽,还容易烫坏被焊元器件,烙铁头也容易"烧死"。

(4)焊料与焊剂使用要适量,焊接点上的焊料与焊剂使用过多或过少都会给焊接质量造成很大的影响。

(5)防止焊接点上的焊锡任意流动,理想的焊接应当是焊锡只焊接在需要焊接的地方。在焊接操作上,开始时焊料要少些,待焊接点达到焊接温度,焊料流入焊接点空隙后再补充焊料,迅速完成焊接。

(6)焊接过程中不要触动焊接点,在焊接点上的焊料尚未完全凝固时,不应移动焊接点上的被焊元器件及导线;否则,焊接点要变形,出现虚焊现象。

(7)不应烫伤周围的元器件及导线。焊接时要注意不要使电烙铁烫伤周围导线的塑胶绝缘层及元器件的表面,尤其是焊接结构比较紧凑、形状比较复杂的产品。

(8)及时做好焊接后的清理工作。焊接完毕后,应将剪掉的多余导线头和焊接时掉下的锡渣及时清理,防止落入产品内给以后工作带来隐患。

4. 焊接集成电路、功率器件的技巧

焊接集成电路、功率器件前，首先要除去多余的焊锡，要让焊盘孔清晰可见；然后用 30～50W 的电烙铁将集成电路和功率器件焊接在相应的位置上。注意速度要快，以免因焊接时间过长，引起局部温度过高，损坏电路或焊盘。焊接集成电路、功率器件示意图如图 2-86 所示。

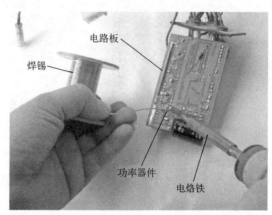

图 2-86　焊接集成电路、功率器件示意图

第三章　电动机的拆装和检修技巧

阅读提示

本章介绍电动机的工作原理，以及有刷电动机、无刷电动机结构和特点，另外还介绍电动机的拆装、维修与更换。最后重点介绍电动机常见故障的维修方法。通过本章阅读，读者能快速掌握电动机的结构、工作原理和常见故障的维修方法。

第一节　电动自行车用电动机的种类及参数

一、电动机的命名

国家标准对电动自行车用电动机的命名方法如图 3-1 所示。

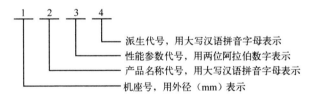

图 3-1　电动自行车用电动机的命名方法

常用产品名称代号如下：
- SYT：铁氧体永磁直流伺服电动机。
- SYX：稀土永磁直流伺服电动机。
- SXPT：铁氧体永磁线绕盘式直流电动机。
- SXPX：稀土永磁线绕盘式直流电动机。
- SWT：铁氧体永磁无刷直流伺服电动机。
- SWX：稀土永磁无刷直流伺服电动机。
- SN：印制绕组直流伺服电动机。
- YX：三相异步电动机。

例如，160SYT01A 表示外径 160mm，厂家 01A 类铁氧体永磁直流伺服电动机。

二、电动机的分类

电动自行车一般使用永磁直流电动机，它又是旋转式电动机。旋转式电动机转动的部分叫转子，不转的部分叫定子，转子和定子之间靠磁场同性相斥、异性相吸的作用力做相对运动。

直流电动机可以分成串励电动机和永磁电动机两大类。

（1）串励电动机

直流电动机转子和定子的磁场可以全部由线包（也叫线圈、绕组）产生，也可以定子或转子之一使用永久磁铁产生。串励电动机又叫串激电动机，定子和转子分别采用了绕组，并且两个绕组串联使用，没有磁铁，一般有4个引出线和接线柱。一般载重量较大的货运电动三轮车上使用这种电动机。串励电动机如图3-2所示。

（2）永磁电动机

目前电动自行车大多采用稀土永磁直流电动机。所谓永磁电动机，是指电动机线圈采用永磁体激磁，不采用线圈激磁的方式，也就是电动机内部有磁钢。

永磁电动机的转子和定子磁场的其中一个由线包产生，另一个使用永久磁铁产生。目前，电动自行车上使用的电动机普遍采用永磁直流电动机。由于不采用线圈激磁的方式，因此省去了激磁线圈工作时消耗的电能，提高了电动机的机电转换效率，这对使用车载有限能源的电动自行车来讲，可以降低行驶电流，延长续行里程。永磁电动机如图3-3所示。

图3-2 串励电动机　　　　图3-3 永磁电动机

永磁直流电动机按照电动机的通电形式，可以分为有刷电动机和无刷电动机两大类。180W有刷电动机如图3-4所示。350W无刷电动机如图3-5所示。

图3-4 180W 有刷电动机　　　　图3-5 350W 无刷电动机

永磁直流电动机按照转速划分，可以分为高速有齿电动机（大于2000r/min）与低速无齿电动机（小于2000r/min）。高速电动机用于电动自行车，需要经过齿轮减速，一般为有齿电动机。低速电动机一般为以扭矩输出、不经任何减速的无齿电动机。但有些转速稍高的低速电动机可以经过电动机外的减速装置实现减速，这在代步三轮车中经常使用。这种链条传动的小轮带大轮盘的方式，噪声较小，效率较高。500W 有齿高速电动机如图 3-6 所示。

一般来讲，无刷电动机的效率高于有刷电动机；高速电动机的效率高于低速电动机；有齿电动机的扭力高于无齿电动机；货运大功率三轮车等串励电动机普遍使用行星减速机构。

电动自行车使用的电动机一般是轮毂电动机。轮毂电动机一般在车圈和轮毂之间由车条结合。如果将电动机、辐条、车圈做成一体，这种电动机叫作一体化轮毂电动机。电动机辐条、车圈分开的，受冲击时缓冲性好于一体化电动机，但坚固程度不如一体化电动机。350W 一体化轮毂电动机如图 3-7 所示。

图 3-6　500W 有齿高速电动机　　　图 3-7　350W 一体化轮毂电动机

三、电动机的参数指标

1. 直流电动机的额定数据

- 额定功率 P_N（kW）。
- 额定电压 U_N（V）。
- 额定电流 I_N（A）。
- 额定转速 N_N（r/min）。
- 励磁方式和额定励磁电流 I_{FN}（A）。

2. 电动机的参数

额定电压为 36V、48V、60V、72V 等；额定功率为 250W、350W、500W、600W、800W、1000W 等。电动自行车的电动机功率为 250W、350W，电动摩托车的电动机功率为 500W、600W，普通电动三轮车的电动机功率为 500W、600W，载重量较大的货运三轮车的电动机功率为 800W、1000W。

四、有刷电动机与无刷电动机的优缺点对比

有刷电动机采用机械换相，对控制系统的技术要求较低，相对成本低于无刷电动机，启动力矩略大于无刷电动机。但其致命的弱点是寿命短、噪声大、效率低。长期工作时电刷易磨损，并会产生大量的粉尘，这些粉尘落入齿轮油中，使齿轮油加速老化变质，电动机噪声进一步增大。有刷电动机使用一年左右就需要更换电刷。

目前，电动自行车大多使用无刷电动机，无刷电动机以电子换相取代机械换相，技术上优于有刷电动机。由于无刷电动机没有齿轮或减速装置，从而减少了由于电刷磨损引起的问题，因此它的效率在一定电流范围内比有刷电动机高。无刷电动机行驶起来几乎没有噪声，寿命可长达 10 年。两者比较可知，无刷电动机要优于有刷电动机。无刷电动机是今后电动自行车用电动机的发展方向。

有刷电动机与无刷电动机的比较如表 3-1 所示。

表 3-1 有刷电动机与无刷电动机的比较

项目		电动机种类		
		无刷电动机	高速有刷电动机	低速有刷电动机
性能	效率	高	低	中
	功率密度	中	高	低
	换相火花	无	大	小
	寿命	长	短	中
	振动	中	中	小
	噪声	小	大	中
	电磁干扰	无	大	中
	启动加速	良	优	差
	过载能力	中	大	小
	温升（绕组）	中	高	低
	磁体温度（退磁可能性）	低	高	高
	可靠性	高	低	中
经济性	结构	复杂	复杂	简单
	工艺	复杂	复杂	简单
	材料消耗	中	中	多
	成本	中	较贵	低
	运行费用	低	较贵	低
维修性	维护	不需要	定期	定期（间隔长）
	维修性	难	难	中
	维修技术	难	复杂	中
	维修费用	高	高	低
环境适用性		强	有选择	有选择

注：1. 表中比较大都采用"相对"的概念，是定性，而非定量。
2. 前提：相同功率、转速，而且使用同等材料。

第二节 电动机的结构

一、有刷电动机的结构

有刷电动机由电刷、换向器、转子绕组、定子磁钢、电动机轴、电动机端盖、轴承等部件组成。有刷电动机的结构如图 3-8 所示。

图 3-8 有刷电动机的结构

二、无刷电动机的结构

无刷电动机由转子磁钢、定子绕组、电动机轴、电动机端盖、轴承、3 个霍尔元件等部件组成。无刷电动机的结构如图 3-9 所示。

图 3-9 无刷电动机的结构

三、有刷电动机零部件的识读

(1) 磁钢

磁钢是应用最广泛的一种永磁材料,电动自行车电动机都采用钕铁硼稀土磁钢。磁钢用环氧树脂粘在电动机定子或转子上。有刷电动机磁钢通常制成凹片形,粘在电动机定子上,按 N、S 极顺序排列。无刷电动机磁钢通常制成直片形,粘在电动机转子上,按 N、S 极顺序排列。有刷电动机的磁钢排列如图 3-10 所示。

(2) 电刷

电刷一般安装在刷架的刷凹内。电刷在有刷电动机里面顶在换向器表面,电动机转动时,将电能通过换向器传送给线圈。有刷电动机电刷由于存在电刷和换向器间的摩擦,因而容易磨损,需定期维护更换电刷和换向器,并清理积炭。电刷如图 3-11 所示。刷架如图 3-12 所示。电刷在有刷电动机上的位置如图 3-13 所示。

(3) 换向器和线圈

换向器是有刷电动机中具有相互绝缘的条状金属表面,随电动机转子转动时,条状金属交替接触电刷的正负极,完成电流方向的正负交替变化,从而完成有刷电动机线圈的换相。为了使直流电动机不停地沿一个方向旋转,需要通过换向器和电刷的接触,不断地改变绕组中电流的方向，使电动机不断旋转。换向器和线圈如图 3-14 所示。电动机内将线圈按照一定规律嵌在电动机转子上，线圈电流方向交替变化，使电动机旋转。

图 3-10　有刷电动机的磁钢排列

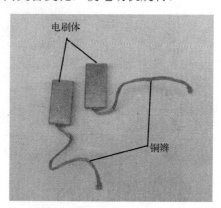

图 3-11　电刷

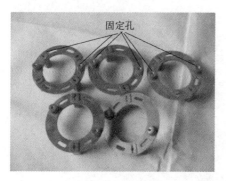

图 3-12　刷架

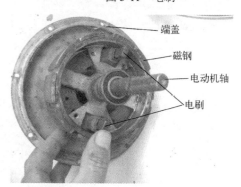

图 3-13　电刷在有刷电动机上的位置

（4）轴承和端盖

电动机轴承安装在电动机轴和端盖上，一方面使定、转子分离，一方面使电动机旋转。轴承和端盖如图 3-15 所示。

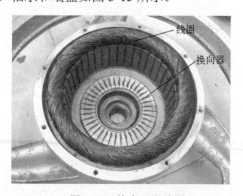

图 3-14　换向器和线圈

图 3-15　轴承和端盖

四、无刷电动机零部件的识读

无刷电动机零部件除磁钢、线圈、轴承和端盖外，还有 3 个霍尔元件。霍尔元件在无刷电动机内部代替电刷和换向器，起换相作用。霍尔元件在无刷电动机上的位置如图3-16所示。无刷电动机磁钢排列如图3-17所示。

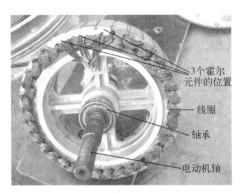

图 3-16　霍尔元件在无刷电动机上的位置

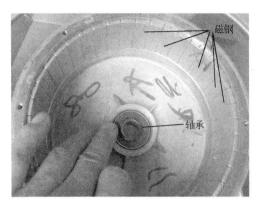

图 3-17　无刷电动机磁钢排列

霍尔元件在直流无刷电动机中的应用

直流无刷电动机使用永磁转子，在定子的适当位置放置所需数量的霍尔元件，它们的输出和相应的定子绕组的供电电路相连。当转子经过霍尔元件附近时，永磁转子的磁场令已通电的霍尔元件输出一个电压使定子绕组供电电路导通，给相应的定子绕组供电，产生和转子磁场极性相同的磁场，推动转子继续转动。转子到下一位置时，前一位置的霍尔元件停止工作，下一位置的霍尔元件导通，使下一绕组通电，产生磁场使转子继续转动。如此循环，维持电动机的工作。

这里，霍尔元件起位置传感器的作用，检测转子磁极的位置，它的输出控制定子绕组供电电路的通断，起开关作用，当转子磁极离去时，令上一个霍尔元件停止工作，令下一个霍尔元件开始工作，使转子磁极总是面对磁场，霍尔元件又起定子电流的换向作用。

第三节　电动机的工作原理

一、有刷电动机的工作原理

有刷电动机工作时，磁钢和电刷不转，转子、线圈和换向器旋转。直流电源通过电刷接通电枢绕组，使电枢导体有电流流过。有刷直流电动机外加的电源是直流的，但由于电动机内部有磁场存在，在电刷和换向片的作用下，虽然线圈中流过的电流是交流的，但其产生的转矩的方向却是不变的。电动自行车用有刷电动机的电刷一般有2个，电动摩托车的电刷有4个，换向器片与线圈有很多组，这样电动机旋转时就更平稳，效率更高。实际上直流电动机转子上的绕组也不是由一个线圈构成的，同样是由多个线圈连接而成的，以减少电动机电磁转矩的波动。

有刷电动机的工作原理示意图如图3-18所示。

二、无刷电动机的工作原理

无刷电动机的定子是线圈,是固定不转的;转子是永久磁铁,磁铁经过转子位置传感器后,霍尔元件产生一个脉冲。控制器根据转子位置传感器提供的信号,改变电动机中线圈电流的方向。

无刷直流电动机采用方波自控式永磁同步电动机,以霍尔传感器取代电刷换向器,以钕铁硼作为转子的永磁材料,通过电子开关电路控制电动机线圈中电流的接通与断开,电路的通断由霍尔元件检测控制。三相绕组在霍尔元件的控制下换向导通,使转子不停转动。无刷直流电动机的产品性能超越传统直流电动机的所有优点,同时又解决了直流电动机电刷易磨损的缺点,是当今最理想的调速电动机。

无刷电动机的工作原理示意图如图 3-19 所示。

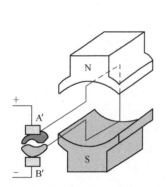

图 3-18　有刷电动机的工作原理示意图　　图 3-19　无刷电动机的工作原理示意图

无刷电动机的旋转部分是磁钢。无刷电动机的线圈与位置传感器是固定在电动机轴上的,是定子的一部分,不能旋转。

无刷直流电动机由同步电动机和驱动器组成。定子绕组多采用三相对称星形接法,与三相异步电动机十分相似,而转子上粘有已充磁的永磁体,为了检测电动机转子的极性,在电动机内装有位置传感器。

电动自行车用无刷电动机的磁钢数量比较多,常见的有 12 片、16 片、18 片,其对应的定子槽数有 36 槽、48 槽、54 槽。线圈一般有 3 组,每组线圈都有相应的霍耳元件,霍尔元件通常安装在转子有引线的一端,并靠近定子磁钢,这样电动机旋转时就更加平稳,效率更高。

第四节　电动机与控制器的接线

由于换相方式不一样,有刷电动机和无刷电动机不但内部结构不一样,而且在接线方式上也有很大区别。

一、有刷电动机与控制器的接线

1. 有刷电动机引线

有刷电动机一般有两根引线:黄线(或红线)是电动机进线;蓝线(或黑色)是电动

机出线。有刷电动机的引线如图 3-20 所示。

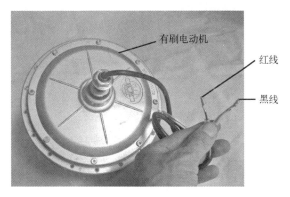

图 3-20　有刷电动机的引线

2. 有刷电动机与控制器的接线

有刷电动机与有刷控制器接线时，可先将两根引线试接，如果电动机正转，说明接线正确；如果电动机倒转，只要将两根引线交换即可，一般不会损坏电动机。有刷电动机与控制器的接线示意如图 3-21 所示。

图 3-21　有刷电动机与控制器的接线示意图

二、无刷电动机与控制器的接线

1. 无刷电动机的引线

无刷电动机共有 8 根引线，其中 3 根粗线（粗蓝、粗绿、粗黄）是电动机相线，即电动机线圈引出线。无刷电动机的霍尔元件有 5 根引线，分别是红色霍尔元件的公共电源正极、黑色公共电源负极、蓝色霍尔 A 相输出、绿色霍尔 B 相输出和黄色霍尔 C 相输出。

无刷电动机的引线如图 3-22 所示。

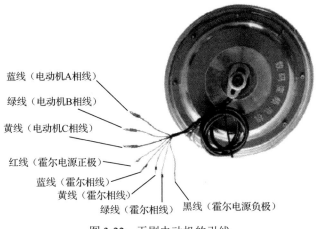

图 3-22　无刷电动机的引线

2. 无刷电动机与控制器的接线

无刷电动机的线圈引线有 3 根，霍尔引线有 5 根，这 8 根引线必须和控制器相应引线对应连接，否则电动机不能正常转动。

无刷电动机的 8 根引线与控制器的接线示意图如图 3-23 所示。

图 3-23　无刷电动机的 8 根引线与控制器对接示意图

相关链接

无刷电动机的相角

无刷电机的相角是无刷电机的相位代数角的简称，指无刷电动机各线圈在一个通电周期中线圈内部电流方向改变的角度。电动自行车用无刷电机常见的相角有 120°与 60°两种。可通过观察霍尔元件的空间安装位置来判断无刷电动机的相角：120°电动机 3 个霍尔元件的排列都是一样的，60°电动机中间的那个霍尔元件要翻转 180°安装，如图 3-24 所示。早期的老控制器接线时，60°相角和 120°相角的无刷电动机，需要由与之相对应的 60°相角和 120°相角的控制器来驱动，不同相角的电动机与控制器不能代换。控制器厂家在生产控制器时设计有封闭小线，连接时，相角为 60°，断开时，相角为 120°，但实际使用时应以控制器的说明为准。

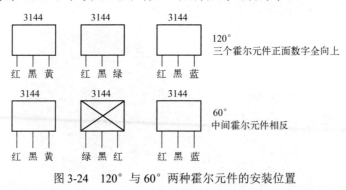

图 3-24　120°与 60°两种霍尔元件的安装位置

控制器与无刷电动机的调线，除霍尔正负极电源线不能对调外，电动机 3 根相线和霍尔 3 根相线均可相互对调，因此共有 36 种接法。

120°相角的无刷电动机与 120°相角的控制器通过调整线圈引线的相序和霍尔引线

的相序可以有6种接法使电动机旋转。其中，3种接法使电动机正转，3种接法使电动机反转，其他接法均不正常。

60°相角的无刷电动机与60°相角的控制器通过调整线圈引线的相序和霍尔引线的相序可以改变电动机的旋转方向。其中有两种正确接法，一种使电动机正转，另一种使电动机反转，其他接法均不正常。

在实际接线时，如果无刷电动机反转，表明控制器与无刷电动机的相角是匹配的。可以这样来调整电动机的转向：将无刷电动机与控制器的霍尔引线的绿色线和黄色线交换；同时，将无刷电动机与控制器的蓝色主相线和黄色主相线交换，如表3-2所示。

表3-2 无刷电动机反转的实现

控制器出线		正 转	反 转	电动机出线
五芯黑塑料套	红色	红色	红色	电动机霍尔信号线（电动机五芯细线）
	黑色	黑色	黑色	
	蓝色	蓝色	蓝色	
	绿色	绿色	黄色	
	黄色	黄色	绿色	
三芯白塑料头	蓝色	蓝色	黄色	电动机相线（电动机三芯粗线）
	绿色	绿色	绿色	
	黄色	黄色	蓝色	

操作禁忌

因为无刷电动机的换相是由控制器来实现的，所以它的反转需要对调两组线才能实现反转。绝对不可反接控制器红、黑电源线来实现，否则会烧坏控制器。

目前，整车厂家在装车时，大多采用120°相角电动机和控制器，60°相角电动机和控制器已经不再使用。电动自行车配件市场上大多销售的是万能双模无刷控制器，这种万能控制器接线方便，120°和60°相角自动转换，有霍尔模式和无霍尔模式自动识别。

第五节 电动机的拆装与保养技巧

一、电动机的拆卸

（1）拔掉电动机和控制器的连线，并观察电动机与控制器的连线颜色是否对应。如果不对应，则应做好原引线的标记，以免安装时接错。然后把电动机从车上卸下来，并用记号笔在端盖与轮毂上做好标记，便于安装时参考，如图3-25所示。

（2）松开电动机外壳固定螺钉。松动时采用对角松动的方法，如图3-26所示。

（3）用一字螺丝刀撬开电动机的端盖，撬动时要小心，不要损伤电动机的端盖，如图3-27所示。

（4）从有引线一端打开电动机，打开时把木板垫于地面上，用力把向下压电动机轴，使定子从中脱出，如图3-28所示。

图 3-25　在电动机外壳上做好标记

图 3-26　松开电动机外壳的固定螺钉

图 3-27　撬开电动机的端盖

图 3-28　使定子从中脱出

电动机打开后各部件如图 3-29 所示。

图 3-29　电动机打开后各部件

重要提示

电动机定子上的磁钢有很大的磁性，不要随便放在地上，以免吸入杂物，要放在干净的纸箱上。

二、电动机的保养

电动机的保养一般是对电动机内部的轴承、齿轮补加润滑油，提高运转速度，并减小电动机运行的噪声。

有刷电动机要对电刷进行检查。如果电刷磨损，则应更换电刷。另外，还要清除炭粉，清洗换向器表面和磁钢表面等，如图 3-30 所示。

第三章　电动机的拆装和检修技巧

三、电动机的组装

（1）组装电动机前，要清洁电动机部件，并按原标记安装。电动机端盖上要涂上密封胶，以免电动机内进水。如果是有刷电动机，需注意电刷与刷握之间是否会碰撞，刷握内的弹簧是否有弹性，电刷与换向器是否已经正确定位。

（2）将电动机定子装入转子内。定子上磁钢有很大的磁性吸引力，安装时要防止电动机部件损坏，并注意维修人员安全，如图 3-31 所示。

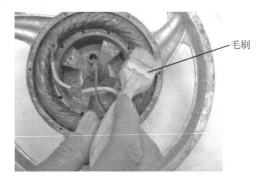

图 3-30　电动机的保养

图 3-31　将定子装入转子

（3）将两侧端盖装入原位置，检查是否到位。将电动机端盖上螺钉固定好。操作中可用锤子击打一下螺丝帽，再用螺丝刀上紧，如图 3-32 所示。

（4）检查定子与转子间是否有气隙，用扳手卡住电动机轴转动应非常灵活，如图 3-33 所示。

图 3-32　固定端盖上的螺钉

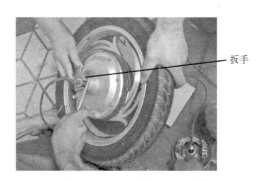

图 3-33　用扳手转动电动机轴

四、电动机的安装

（1）将电动机安装在电动自行车上，链条松紧要适度，电动机轴两侧间距要一致，螺钉帽要旋紧，如图 3-34 所示。

（2）车闸调节要适当，太松则无法制动，太紧会影响车闸的寿命和行驶里程，如图 3-35 所示。

图 3-34 将电动机装上整车

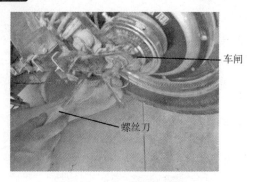

图 3-35 车闸的调节

（3）注意保护电动机轴端出线，避免车身倒下或碰撞时造成引线断裂。

（4）电动机维修后正确的安装对整车的可靠性和安全性非常重要。安装好后要进行试转、试骑，确认正常后方可交用户使用，如图 3-36 所示。

五、电动机的代换技巧

图 3-36 安装好后试转

电动机代换时，应与原车电动机的工作电压和功率相同。另外，有刷电动机之间能代换，无刷电动机之间能代换；有刷电动机高速与低速可以互换，无刷电动机高速与低速之间也能互换。

代换时注意，有刷电动机和无刷电动机之间不可互换，主要原因是电动机与控制器不匹配。如果需要更换，可与控制器一并代换。

第六节　电动机的故障诊断与检修

一、电刷的检修技巧

1. 故障现象

（1）电动机不转。

（2）电动机时转时不转。

（3）电动机转速低。

（4）电动机不能零启动。

（5）电动机乏力，带载能力差。

（6）电动机侧身时会转，扶正时不转。

2. 判断方法

（1）询问用户电刷在一年内是否更换过，并对电刷是否损坏进行准确判断。

（2）用万用表蜂鸣器挡测量电动机的 A、B 两根引线，应为导通状态，不通则说明已损坏。

（3）给电动机外接额定蓄电池通电试验，如果不转或转速不正常，则说明电动机有故障。

（4）不通电时，将电动机 A、B 引线短接，电动机应转不动，否则说明电动机内电刷有故障。

（5）用木棒轻轻敲击电动机，如果电动机转转停停，则表示电刷有故障，如图 3-37 所示。

图 3-37 用木棒轻轻敲击电动机

3. 维修方法

（1）从电动自行车上卸下电动机，从有引线的一端打开电动机端盖，检查电刷磨损程度，看电刷架是否损坏。打开电动机端盖如图 3-38 所示。电刷损坏情况如图 3-39 所示。

 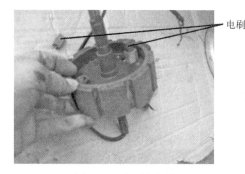

图 3-38 打开电动机端盖　　　　　　图 3-39 电刷损坏情况

（2）更换电刷前首先将旧电刷去掉，然后将新电刷穿入刷架，用电烙铁焊接好小铜线上的连接片，并用螺钉固定好，最后将电刷架固定在电动机定子上，如图 3-40 所示。

（3）更换电刷时同时检查电刷架是否损坏。如果损坏，则对电刷架进行更换，如图 3-41 所示。

> **技术指导**
>
> 更换电刷后，要对电动机定子进行安装。安装前要将电刷的小铜辫子扎短，使电刷缩进刷凹内。待定子安装好后，将小铜辫子松开。

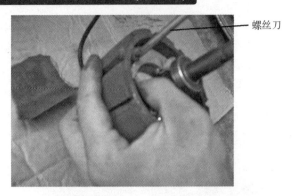

图 3-40　固定电刷

图 3-41　检查电刷架

二、换向器的检修技巧

1. 故障现象

换向器损坏会造成电动机短路、电流大、电刷磨损快等现象。

2. 判断方法

首先卸下电动机，取下端盖，检查换向器磨损情况。如果铜片表面被氧化，应用细砂布打磨并进行清洁，如图 3-42 所示。

图 3-42　用砂布打磨换向器铜片

第三章 电动机的拆装和检修技巧

 技术指导

换向器铜片表面必须平整、干净、无氧化层，清洁时不可用尖刀等锋利工具清洁，以防铜片表面被损伤。

如果铜片表面不平整、短路或断路，则应更换新换向器。换向器如图 3-43 所示。

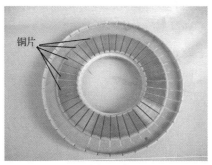
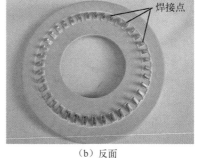

（a）正面　　　　　　　　　　　　（b）反面

图 3-43　新换向器

3. 更换方法

换向器常见的型号有 39 齿和 41 齿两种，更换时要用相同型号的新换向器对应更换。更换前先用电烙铁将线圈和换向器片的连接处全部焊开，用双手轻轻扒开换向器周围的铜线，取下旧换向器。将同型号的换向器放入换向器原位置，用电烙铁将线圈出线头与换向器焊好并检查焊点是否牢固，有无短路，如图 3-44 所示。

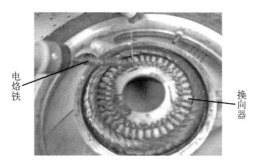

图 3-44　更换新换向器

三、轴承的检修技巧

1. 故障现象

轴承损坏会造成电动机有噪声，严重时会造成定子扫膛、电动机壳体发热等现象。

2. 判断方法

首先从电动自行车上卸下电动机，再拧出电动机螺钉，打开电动机端盖，用小刀撬开轴承油封，检查轴承是否缺少润滑油或损坏，如图 3-45 所示。

3. 维修方法

如果轴承损坏，则应更换新轴承。先用拉力器取下旧轴承，如图 3-46 所示；然后把同型号新轴承放在轴承位置上，用手锤击打即可将其安装在合适的位置上，如图 3-47 所示。

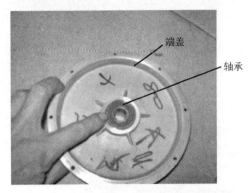

图 3-45　检查轴承

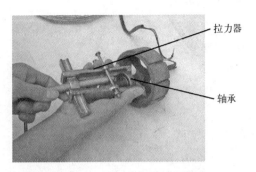

图 3-46　用拉力器取下旧轴承

图 3-47　轴承的安装

四、磁钢的检修技巧

1. 故障现象

磁钢常见的故障是磁钢脱落，故障现象是电动机无力、转速慢或带载能力差，有电磁怪声，定子、转子扫膛等。

2. 判断方法

打开电动机，检查磁钢是否脱落或损坏。检查时要仔细，因磁钢脱落后有时在原位置不动，不易发现。检查时可用皮锤稍加外力，如果磁钢脱落，需重新粘牢；如果多块磁钢脱落，可取下一块粘牢一块，然后再取下另一块粘牢。

3. 维修方法

清理旧磁钢上的杂物后，用磁钢专用胶或 AB 胶粘牢。黏结时，要按 N、S 极顺序排列进行，方法是从磁钢的侧面进行吸引试验，如果相互吸引，则可以进行黏结；如果损坏，则应更换新磁钢。磁钢的检修如图 3-48 所示。

五、定子的检修技巧

在电动自行车的使用过程中，因电动机进水会造成电动机定子生锈使电动机耗电量增大，续行里程缩短。维修时需用砂布打磨生锈的定子并清理干净，如图 3-49 所示。

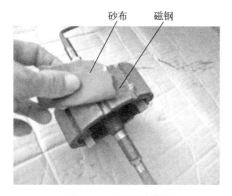

图 3-48 磁钢的检修

图 3-49 定子的检修

六、霍尔元件的检修技巧

1. 霍尔元件损坏的故障现象

无刷电动机霍尔元件损坏，会造成电动机缺相，表现为电动机乏力或时转时停。如果三个霍尔元件损坏，会造成电动机不转。

2. 霍尔元件的检测技巧

（1）用数字万用表二极管挡检测：用数字万用表二极管挡检测霍尔元件的电源脚与地脚的阻值，正向时读数为"1"，反向时读数约为1.065V，如图3-50所示。

测量信号脚与地脚的阻值，正向时读数为"1"，反向时读数约为0.769mV，如图3-51所示。如果霍尔元件各脚对地阻值均为0Ω，说明霍尔击穿短路；如果霍尔元件各脚对地阻值均为无穷大，说明霍尔断路。

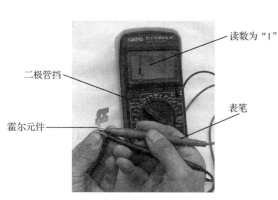

图 3-50 正向时读数为"1"

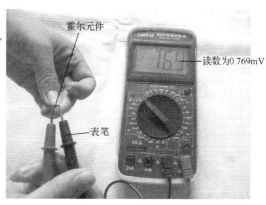

图 3-51 反向时读数为0.769mV

（2）用电压法检测：打开电源锁，先用万用表的20V直流电压挡测量电动机霍尔元件的红、黑供电线，应有5V左右的电压，然后用手慢慢转动电动机，分别测量霍尔元件的蓝、绿、黄信号线对地线的电压，读数均应为0~5V，否则说明霍尔元件损坏。

（3）用洛阳市绿盟电动车维修培训学校研制的LY-2无刷电动车综合检测仪检测：将电动机霍尔元件插入检测仪霍尔插件中，用手慢慢转动电动机，观察检测仪上的霍尔检测灯应依次闪亮，说明霍尔元件正常；如果检测灯出现常亮或不亮，则表明该路霍尔元件损坏。在转动电动机的过程中，在霍尔元件正常的前提下，如果发现60°指示灯亮，说明电动机的相角是60°；如果60°指示灯不亮，则表明该电动机的相角为120°，如图3-52所示。

3. 霍尔元件的更换技巧

根据检测判断结果，如果有一个（或三个）霍尔元件损坏，为了保证电动机换相位置的准确，需将三个霍尔元件同时更换，常用的无刷电动机霍尔元件型号为3144。首先拆卸旧霍尔元件，并记住原霍尔元件红线的安装位置，并事先给霍尔元件引脚上套上绝缘管；然后用50W以内的电烙铁按原红线位置将新霍尔元件焊好，焊接时速度要快，避免温度过高而损坏霍尔元件；最后用扎带将霍尔引线扎好。无刷电动机霍尔元件的更换如图3-53所示。

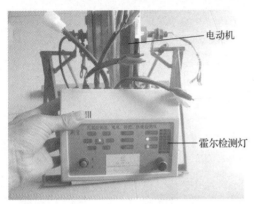

图3-52 综合检测仪检测电动机霍尔元件

图3-53 无刷电动机霍尔元件的更换

技术指导

1. 在蓄电池电量不足时，无刷电动机会抖动，这是正常现象，不会对整车性能产生影响，维修时应注意。

2. 无刷电动机内是三相脉动电流，有感应电动势，易导致控制器烧毁。当控制器烧坏后，会造成电动自行车后轮突然卡死，电动自行车骑也骑不动，推也推不动。这时可将控制器与电动机连接的引线拔掉，使之"开路"，用手转动电动机，如果转动正常，说明控制器烧坏，应更换控制器。

七、电动机输出线的检修技巧

1. 故障现象

电动机输出线的常见故障是断裂，断裂处大多在电动机轴头处。此处断裂无法重新连接，需打开电动机外壳进行处理。

2. 检测方法

打开电动机端盖后，用万用表蜂鸣器挡测量电动机输出线是否损坏。如果损坏，用新电机线更换，如图3-54所示。

3. 检修方法

如果断裂在电动机轴头处，需把电动机内的引线扎绳去掉。一般原厂电动机内预留引线较长，可向外用力拉出一点即可对断裂处进行连接。如果断裂处在电动机内部，建议更换引线，如图3-55所示。

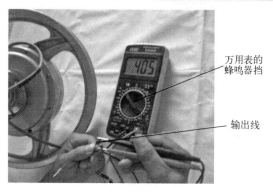

图 3-54 电动机输出线的检测

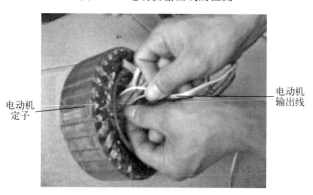

图 3-55 电动机输出线的检修

八、电动机空载电流大的检修技巧

1. 电动机空载电流大的故障现象

电动机空载电流大一般表现为蓄电池放电较快，电动自行车行驶里程缩短，一般常伴有电动机发热现象。

2. 电动机空载电流大的故障原因

（1）电动机内部机械摩擦大。

（2）线圈局部短路。

（3）磁钢脱落，换向器、电刷磨损。

（4）电动机定子、转子扫膛。

3. 电动机空载电流大的检修技巧

将万用表置于直流 20A 挡，将红、黑表笔串联在控制器的电源输入端。打开电源，在电动机不转动的情况下，记录此时万用表的最大电流值 I_1。

转动转把，使电动机高速空载转动 10s 以上。等电动机转速稳定后，开始观察并记录此时万用表的最大电流值 I_2，则电动机的空载电流为 I_2-I_1。

电动机空载电流的测量如图 3-56 所示。

当电动机的空载电流大于表 3-3 所列极限数据时，表明电动机出现故障，需打开电动机进行检修。

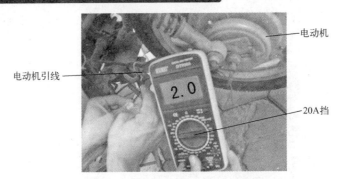

图 3-56 电动机空载电流的测量

表 3-3 电动机无故障最大空载电流

电动机形式	额定电压（24V）	额定电压（36V）
有刷有齿电动机	1.7A	1.0A
有刷无齿电动机	1.0A	0.6A
无刷有齿电动机	1.7A	1.0A
无刷无齿电动机	1.0A	0.6A
侧挂电动机	2.2A	1.8A

九、电动机常见故障检修对照表

表 3-4 列出了电动机常见故障及检修方法。

表 3-4 电动机常见故障及检修方法

电动机形式	常见故障	检修方法
有刷有齿电动机	轴承损坏	更换
	齿轮磨损	润滑或更换
	电刷磨损	更换
	换向器损坏	更换
	定子损坏	更换
	磁钢脱落	粘牢
有刷无齿电动机	轴承损坏	更换
	电刷磨损	更换
	换向器损坏	更换
	线圈脱落	更换
	定子损坏	更换
	电动机内部轴向窜动	增加垫圈
	磁钢脱落、退磁	粘牢或更换
无刷有齿电动机	轴承损坏	更换
	齿轮磨损	润滑或更换
	磁钢脱落	粘牢
	霍尔元件损坏	更换

续表

电动机形式	常见故障	检修方法
无刷无齿电动机	轴承损坏	更换
	霍尔元件损坏	更换
	磁钢脱落、退磁	粘牢
	电动机内部轴向窜动	增加垫圈
	线圈烧坏	更换

第四章　控制器的结构、工作原理与故障维修技巧

阅读提示

本章介绍控制器的类型和命名方法，并介绍有刷电动机控制器、无刷电动机控制器的工作原理与外接部件的连接方法。重点介绍控制器的故障诊断和维修技巧。通过阅读本章，读者能熟练掌握控制器的工作原理及常见故障的维修方法。

第一节　了解控制器种类特点

一、控制器简介

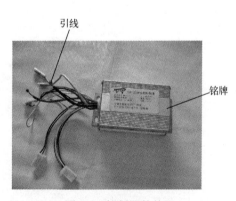

图 4-1　控制器的外形

（引线、铭牌）

电动机驱动控制器简称控制器，主要控制电动机的转速，并对电动自行车的电气系统及电器装置进行控制和保护。控制器的外形如图 4-1 所示。

目前，电动自行车大多采用永磁直流电动机，原因是直流电动机比交流电动机更容易实现调速。要实现对电动机的速度控制就必须有控制器。现在，控制器控制电动机速度普遍采用的是电压调速方法。这是一种成熟的电动机控制技术。

另外，控制器还有很多其他的功能，如定速巡航、零启动、反充电（能量再生）、P 挡功能、行车里程计算与显示驱动、电制动、智能助力控制，以及各种状态的指示功能等。

二、控制器的命名方法

国际上对电动自行车用控制器的标准命名方式如下：

产品名称代号如下：
- ZK——有刷电动机用普通型驱动控制器。
- ZKC——有刷电动机用智能型驱动控制器。
- WZK——无刷电动机用普通型驱动控制器。
- WZKC——无刷电动机用智能型驱动控制器。

额定电压参数包括直流 36V、48V 和 60V；额定电流参数包括 6A、8A 和 10A。

三、控制器的种类和作用

1. 控制器的种类

（1）电动自行车用电动机的电压分别为 36V、48V、60V、72V 和 84V 等，控制器也应与之匹配。

（2）电动自行车用电动机的功率分 250W、350W、500W、600W、800W 和 1000W 等，控制器也应与之匹配。

（3）有刷直流电动机的控制器。电动自行车用电动机如果是有刷电动机，控制器较简单，它不用换相，电动机自己能够换相，绕组在不同位置就会产生与磁钢相对应的磁场，因此控制器也不需要换相功率电路及其器件。

（4）无刷直流电动机的控制器。无论是高速有齿轮减速的无刷电动机，还是外磁钢转子的低速无刷电动机，其控制器都比较复杂，它的微处理器芯片本身也比有刷直流电动机芯片复杂，并且价格较高。它的内部要用功率足够大的开关管组合一套换相电路。

（5）有助力功能电动机的控制器。它的主要特点是要处理力传感信号，与助力传感器配合使用。

2. 控制器的作用

（1）调速功能：根据转把的输出可以对电动自行车实现无级调速。

（2）刹车断电功能：刹车时，控制器自动切断电动机的电源，实现先断电后刹车。

（3）限流保护：当电流超过一定值时，能自动限制电流的输出，从而保护电动机。

（4）蓄电池欠电压保护：单只蓄电池欠电压保护值是 10.5V，当蓄电池电压降至欠电压保护值时，使电动机断电不工作，从而保护蓄电池。36V 电动自行车蓄电池欠电压保护值为 31.5V；48V 电动自行车蓄电池欠电压保护值为 42V；60V 电动自行车蓄电池欠电压保护值为 52.5V。

（5）限速功能：国标规定电动自行车的时速不超过 25km/h，当电动自行车车速超过规定值时，控制器的限速保护电路会切断蓄电池供电电路，限制车速。

（6）时速显示功能：48V 控制器设置有仪表线，可以通过仪表显示电动自行车的行驶速度。

（7）反充电功能：当电动机行驶时，通过控制器给蓄电池补充电能。

四、控制器的铭牌及参数

1. 控制器的铭牌

控制器的铭牌上一般有如下标识。

（1）产品名称：电动自行车电动机控制器。

（2）额定电压：控制器的供电电压。

（3）额定电流：控制器的过电流保护值。

（4）欠电压：表示控制器的欠电压保护值。

（5）转把：控制器所匹配的转把信号电压为1～4.2V。

（6）产品型号：指控制器的型号。

（7）生产日期：产品的生产日期。

某控制器的铭牌如图 4-2 所示。

图 4-2　某控制器的铭牌

2. 控制器的参数

表 4-1 列出了控制器的通用参数。

表 4-1　控制器的通用参数

参　数	使　用　参　考
额定电压	匹配使用的蓄电池额定电压
额定电流	允许长时间放电的最大电流
欠电压保护	蓄电池电压在保护数值以上允许给电动机供电
限流/过流保护	允许短时间放电的最大电流
使用温度	控制器内部元器件能正常工作的温度范围
转把信号	可以正常调速的转把信号电压数值
刹车信号	刹车时，闸把信号的高低电位

3. 控制器参数举例

（1）有刷控制器的参数举例

36V/250W 有刷控制器如图 4-3 所示。

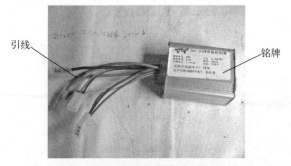

（a）36V/250W有刷控制器的外形

图 4-3　36V/250W 有刷控制器

第四章 控制器的结构、工作原理与故障维修技巧

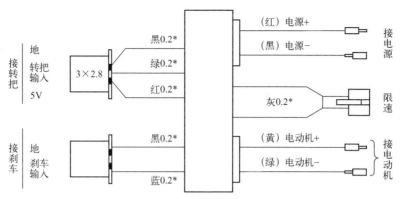

(b) 36V/250W 有刷控制器的接线图

图 4-3 36V/250W 有刷控制器（续）

- 额定电压：36V
- 额定电流：6.3A
- 手柄电压：1~4.2V
- 额定功率：250W
- 欠电压：(31±0.5) V
- 限流：(14±1) A
- 刹车：低/高电平
- 环境温度：-20~75℃

（2）无刷控制器的参数举例

① 48V/350W 无刷控制器如图 4-4 所示。

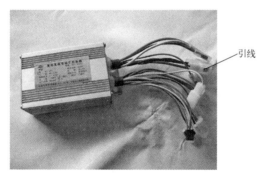

(a) 48V/350W 无刷控制器外形

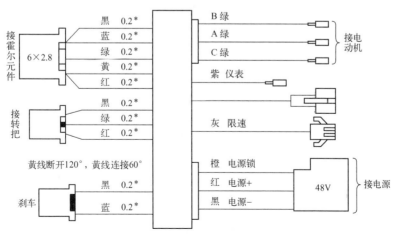

(b) 48V/350W 无刷控制器接线图

图 4-4 48V/350W 无刷控制器

② 48V/500W 无刷控制器的外形如图 4-5 所示。

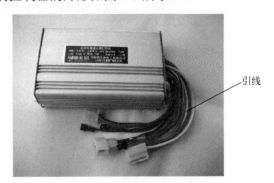

图 4-5　48V/500W 无刷控制器

- 额定电压：48V
- 额定电流：10.4A
- 手柄电压：1.1~4.2V
- 额定功率：500W
- 欠电压：（31±0.5）V
- 限流：（26±0.5）A
- 刹车：高电平
- 环境温度：-20~75℃

③ 万能双模无刷控制器

传统无刷电动机带有位置传感器，对应使用无刷有霍尔控制器。霍尔传感器受温度影响较大，引线较多，易受干扰，霍尔元件易过电压击穿损坏。霍尔元件损坏后更换较麻烦，需拆下电动机进行，工作量较大。因此，永磁直流无刷电动机无位置传感器化将是未来的发展方向。目前，配件市场上销售的都是万能双模无刷控制器。接线时只要把电动机 5 根霍尔线与控制器的 5 根霍尔线对接，电动机 3 根相线与控制器的 3 根相线对接即可，控制器自动识别，即使霍尔元件损坏，控制器也能正常工作。如果需要电动机反转，则把调试线（又称学习线）拔下再插上即可。

下面以万能双模 48V、500W 无刷控制器为例加以说明。万能双模 48V/500W 无刷控制器接线示意图如图 4-6 所示。

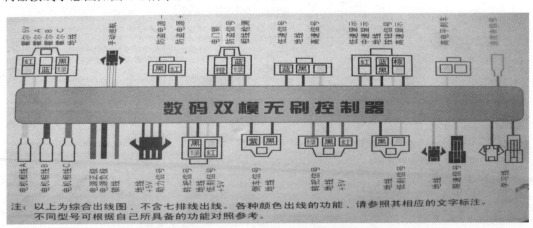

图 4-6　万能双模 48V/500W 无刷控制器接线示意图

- 有、无霍尔自适应

a. 全自动适应（适用于二级市场）

有霍尔驱动与无霍尔驱动之间自动切换，同时具备自学习功能（无学习过程，在骑行过程中自动学习），特别适合于维修市场。不管是用 120°电动机还是 60°电动机，也不管霍尔线和相线怎么接，只要正确地把功能线接好，所有的事情控制器就会自动处理好，如果转动方向不对，则拔插一下学习线即可。

b. 固定相位自适应（适用于一级市场）

对于整车生产厂家，如果所配的电动机是标准的，就可以直接使用控制器默认的相位；如果电动机在运行过程中霍尔出现异常，系统会自动切换到无霍尔驱动模式；如霍尔故障排除，系统会自动恢复有霍尔工作模式。

> 48/60V 自适应

控制器能自动识别蓄电池电压，正确锁定欠电压保护值。

> 防盗功能

a. 非外接防盗器。关闭电源锁，系统会自动进入防盗状态：控制器检测到电动机往前转，控制器就往后加力，反之亦然。

b. 外接防盗器。控制器在接收到有效防盗信号后，进入防盗状态：控制器检测到电动机往前转，控制器就往后加力，反之亦然。

> 软欠电压和欠电压保护功能

当蓄电池电压不足又没到欠电压保护时，如果持续用大电流输出，蓄电池内阻以及线阻会产生比较大的压降，导致控制器马上执行欠电压保护。针对这种情况，当蓄电池电压小于 44V 时，限流值会随着蓄电池电压降低而减小，因此控制器能够继续以小电流形式运行，从而有效地提升了电动自行车的续行里程。当蓄电池电压小于欠电压保护点后，就执行欠电压保护功能，关断输出，保护蓄电池。

> 倒挡功能

按下倒挡开关后，控制器停止向前输出并且开始检测电动机转速，当检测到电动机转速减到零，而且转把重新回零再转动后，控制器开始控制电动机反转。反转最高转速为正转最高转速的 30%（可根据用户设定）。

> 普通刹车和电子刹车以及刹车反充电功能

具有普通刹车和电子刹车功能。电子刹车有软刹车功能，而且刹车时能将电机产生的电能反充到蓄电池，从而达到节能的目的，延长续行里程。

> 各种保护功能

具有相线短路保护、堵转保护、欠电压保护、过电流保护、缺相保护、MOS 短路保护、上电转把不为零保护（防飞车）、刹车故障保护等功能。

> 手动、自动巡航功能

用户可选择手动、自动巡航功能。巡航功能：当电动自行车运行到一定速度时，用户可保持手把固定 8~10s 进入自动巡航状态，也可以选择手动按键巡航。进入巡航状态后，电动自行车将按固定速度行驶，直到解除巡航为止。解除巡航方式有刹车解除、转动手把解除、按键解除等。

> 助力功能

带 1+1 助力插件，可实现助力功能，用户骑行时更省力、更方便。

> 限速功能

带有限速插件，可实现限速功能。用户可根据需要有效保证电动自行车运行速度。接通限速选择线后手把最大输出时速不超过 25km/h。

> 变速功能、挡位指示

用户能按照自己的需求设定车速，高速时可提速到 120%，中速为原始速度，低速为原始速度的 90%。能显示高、中、低三种速度。

五、控制器的安装

控制器一般安装在铝质的盒内，便于密封和散热。简易型车一般安装在脚踏板下（见图 4-7），豪华型车一般安装在坐垫下（见图 4-8），也有个别安装在前罩下。

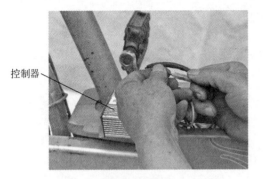

图 4-7　简易型车控制器安装位置

图 4-8　豪华型车控制器安装位置

1. 控制器的安装要求

（1）安装的地方要便于散热，如安装在有金属件相接触处或有良好的通风处，同时避免雨淋。

（2）不允许在控制器外壳上用导热性差的东西包裹，否则可能导致控制器无法散热而损坏。

2. 控制器接插件的安装要求

（1）安装前检查接插件接触是否良好。

（2）接触不良或已经脱落的线头必须用专用工具重新压接，或者使用电烙铁焊接，保证导线和接触片良好导通。

（3）接插件安装处避免浸水，可以用绝缘密封材料包扎。

（4）安装后，要对多余的引线进行包扎整理，然后放进整车内，并用双面胶或扎线绑扎。

六、控制器的代换原则

维修中更换控制器要与原控制器的电压、功率相同。有刷电动机控制器损坏还需更换有刷电动机控制器，无刷电动机控制器损坏需更换无刷电动机控制器。如果有刷电动机控制器想改为无刷电动机控制器，需将有刷电动机一并更换为无刷电动机。

另外，如果电动机霍尔损坏，可以更换万能无刷控制器，此时不要接霍尔 5 芯插件。

第二节　有刷电动机控制器的结构、工作原理和接线方法

控制器和调速转把配合，控制电动机的转速，能随刹车开关的闭合使电动机断电，并

第四章 控制器的结构、工作原理与故障维修技巧

通过仪表控制线路，使仪表显示电源电压、欠电压及行驶里程。

一、控制器的结构

电动自行车控制器虽品种多样，但同类型、使用相同集成电路的控制器却大同小异。目前，控制器主要采用控制电压的方法控制电动机的速度。

控制器的开关电路相当于用一个闸刀开关连接在电动机与电源之间。闸刀开关闭合，电动机通电，开始运转；闸刀开关断开，电动机断电，电动机在无电状态下依靠绕组中的剩余电流和转子惯性继续转动，并逐渐减速。

简单地讲，控制器由主芯片（或单片机）和周边元器件组成。周边元器件是一些功能器件，它们完成执行、采样等功能，它们是电阻、传感器、桥式开关电路，以及辅助单片机或专用集成电路完成控制过程的器件。单片机也称微处理器，就是电动自行车的智能控制器。

控制器的设计品质、特性、所采用的微处理器的功能、功率开关器件电路及周边元器件布局等，直接关系到整车的性能和运行状态，也影响控制器本身性能和效率。不同品质的控制器，用在同一辆车上，配用同一组相同充放电状态的蓄电池，有时也会在续行能力上显示出较大差别。

目前，有刷直流电动机和无刷直流电动机大都采用 PWM（脉宽调制）控制方法调速，只是选用驱动电路、集成电路、开关电路功率晶体管和某些相关功能上的差别。脉宽调制器常用集成电路有 TL494。

控制器内部包括 PWM 发生器电路、电源电路、功率器件驱动电路、控制器驱动电路、控制部件（转把、闸把、电动机霍尔）、信号采集单元与处理电路、过电流与欠电压等保护电路。

二、控制器的工作原理

控制器的外形如图 4-9 所示。控制器的内部电路如图 4-10 所示。有刷电动机控制器同有刷电动机配套使用。有刷电动机控制器内部电路结构简单，造价低，故障率低。

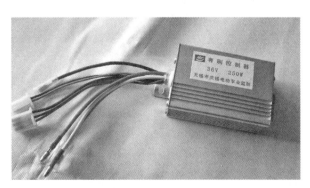

图 4-9 控制器的外形

图 4-10 控制器的内部电路

控制器的原理框图如图 4-11 所示。

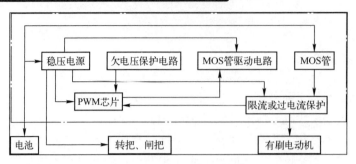

图 4-11 控制器的原理框图

控制器的工作原理如下:
- 内部稳压电源提供控制器内部 PWM 芯片及电子元器件的工作电压。
- PWM 芯片供电工作后,根据转把的输入电压,输出相应脉冲宽度的方波给 MOS 管以驱动电路。
- MOS 管驱动电路将 PWM 信号整形提供给 MOS 管。MOS 管是大电流开关器件,导通时间与关闭时间受 PWM 信号的控制。
- 欠电压保护电路在蓄电池电压降低到控制器设定值以下时,停止 PWM 芯片信号的输出,以保护蓄电池不至于在低电压情况下放电。
- 限流保护(或过电流保护)电路是对控制器输出的最大电流进行限制,以保护蓄电池、控制器、电动机等不会出现允许范围以上的大电流。

技术指导

MOS 管如图 4-12 所示。MOS 为金属氧化物半导体的英文缩写,MOS 管的全称为场效应管(MOSFET),简称 VKMOS 管,是一种利用场效应原理工作的半导体器件,属于单极性电压控制器件。场效应管也有三个极:栅极 G(对应双极型三极管的 b 极)、漏极 D(对应双极型三极管的 c 极)、源极 S(对应双极型三极管的 e 极)。常见场效应管有 IRFS630A、75N75 等。

MOS 管的测量方法如图 4-13 所示。用数字万用表二极管挡测量 MOS 管各脚之间的正、反向电阻,如果为 0Ω,则表示击穿损坏,应更换新件。

图 4-12 MOS 管

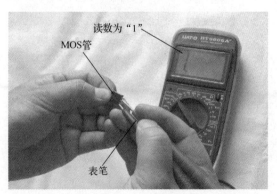

图 4-13 MOS 管的测量方法

三、控制器与外部件的连接方法和工作原理

1. 控制器的外接引线

控制器的外接引线如图 4-14 所示。

2. 控制器与各部件的连接

（1）控制器与调速转把、闸把的连接

有刷电动机控制器和无刷电动机控制器与调速转把、闸把的连接方法相同。

① 控制器与调速转把的连接如图 4-15 所示。控制器的红色+5V 线与转把红色供电线对接，控制器的黑色地线与转把的黑色线对接，控制器的绿色（或蓝色）信号线与转把的绿色（或蓝色）信号线对接。如果不是插接件，还要用防水胶带粘好。

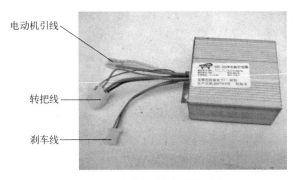

图 4-14 有刷控制器的外接引线

图 4-15 控制器与调速转把的连接

② 控制器与闸把的连接如图 4-16 所示。控制器的红色线与闸把的红色线对接，控制器的黑色线与闸把的黑色线对接。如果不是插接件，还要用防水胶带粘好。

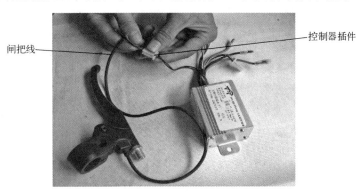

图 4-16 控制器与闸把的连接

③ 控制器与调速转把、闸把的连接如表 4-2 所示。

表 4-2 控制器与调速转把、闸把的连接

调速转把引线	颜 色	器 件 引 线	
调速转把电源正极	红色	信号电源正极	控制器内引线
调速转把电源负极	黑色	信号电源负极	
调速转把输出	绿色	调速输出	

续表

调速转把引线	颜 色	器 件 引 线	
闸把电源正极	红色	信号输入	开关型闸把
闸把输出	黑色	刹车输出	

（2）控制器与蓄电池的连接

有刷电动机控制器和无刷电动机控制器与蓄电池的连接方法相同，连接时注意正、负极不可接反；否则，会烧坏控制器。

控制器与蓄电池的连接如图 4-17 所示。控制器的正极粗红线与蓄电池的正极对接，控制器的负极粗黑线与蓄电池的负极对接。

（3）控制器与电动机的连接

控制器与电动机的连接如图 4-18 所示。控制器的正极粗红线与电动机的粗红（黄）线对接，控制器的负极粗黑线与电动机的粗黑蓝线对接。

图 4-17 控制器与蓄电池的连接　　　　图 4-18 控制器与电动机的连接

3. 控制器（有刷电动自行车）的工作过程

36V 有刷电动机控制器与外部的连接如图 4-19 所示。

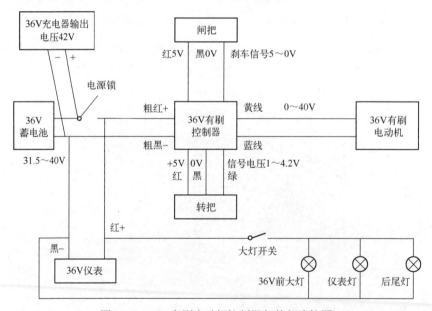

图 4-19　36V 有刷电动机控制器与外部连接图

有刷电动自行车工作过程如下：

当用户打开电源锁后，仪表得电，电源指示灯亮，显示蓄电池电量；同时，控制器也得电。此时，电动机不转，但是控制器输出 5V 电压给转把内的霍尔元件供电。

当用户旋转转把时，转把信号线输出 1～4.2V 电压，此电压传递给控制器，控制器的电动机引线输出 0～40V 由低到高的的直流电压给电动机线圈，电动机开始由慢到快旋转。

当用户手捏闸把时，控制器得到 5～0V（低电平刹车）的刹车信号电压，断开电动机供电，电动机停止运转，起刹车断电作用。

4．控制器的典型电路图

ZK3615A 有刷电动机控制器的典型电路图如图 4-20 所示。

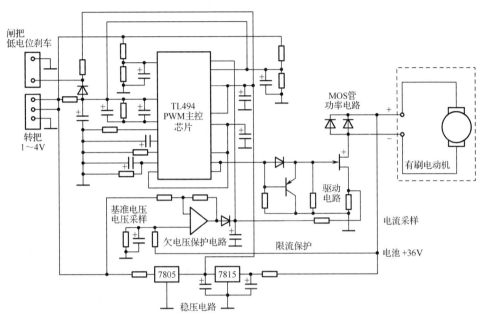

图 4-20　ZK3615A 有刷电动机控制器的典型电路图

第三节　无刷电动机控制器的结构、工作原理和接线方法

一、控制器的结构与工作原理

控制器的外形如图 4-21 所示。控制器的内部电路如图 4-22 所示。

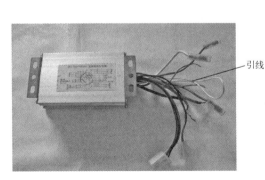

图 4-21　控制器的外形

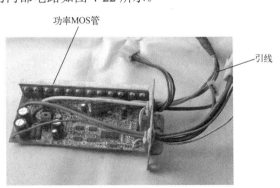

图 4-22　控制器的内部电路

无刷控制器和无刷电动机配套使用。无刷控制器内部电路结构复杂，造价较高。
控制器的原理框图如图 4-23 所示。
无刷电动机控制器的工作原理如下：

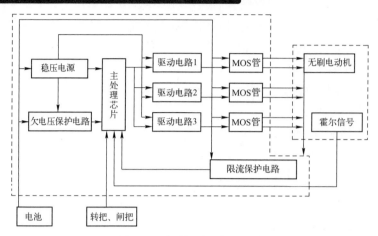

图4-23 控制器的原理框图

- 内部稳压电源提供控制器内部主处理芯片及电子元器件的工作电压。
- 主处理芯片 PWM 供电后工作，根据无刷电动机的霍尔信号对三路 MOS 管驱动电路有选择性地给出打开与关闭信号，以完成对电动机的换相。同时，根据转把的输入电压大小，将相应脉冲宽度的载波信号与 MOS 管导通信号混合，以达到控制电动机转速的目的。
- MOS 管驱动电路将 PWM 信号整形放大，提供给 MOS 管。另外，对于三个 MOS 管来说，它们的驱动电平要求高于蓄电池供电电压。因此，MOS 管驱动电路还要具有升压功能，将三路 MOS 管导通信号变成高于蓄电池电压的超高方波信号。
- MOS 管是大电流开关器件，导通时间与关闭时间受导通信号与 PWM 信号合成的混合信号控制。
- 欠电压保护电路在蓄电池电压降低到控制器设定值以下时，停止 PWM 芯片信号输出，以保护蓄电池不至于在低电压的情况下放电。
- 限流保护（或过电流保护）电路是对控制器输出的最大电流进行限制，以保护蓄电池、控制器、电动机等不会出现允许范围以上的大电流。

二、控制器与外部件的连接方法

（1）控制器的外接引线如图 4-24 所示。

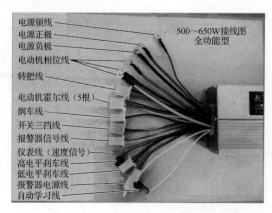

图4-24 控制器的外接引线

第四章　控制器的结构、工作原理与故障维修技巧

（2）控制器与调速转把、闸把的连接如表 4-3 所示。

表 4-3　控制器与调速转把、闸把的连接

调速转把引线	颜　色	器 件 引 线	
调速转把电源正极	红色	信号电源正极	控制器内引线
调速转把电源负极	黑色	信号电源负极	
调速转把输出	绿色	调速输出	
闸把电源正极	红色	刹车信号输入	开关型闸把
闸把输出	黑色	刹车输出	

（3）控制器与电动机的连接如图 4-25 所示。

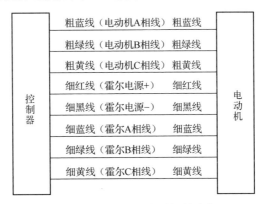

图 4-25　控制器与电动机的连接

三、控制器（无刷电动自行车）的工作过程

48V 无刷电动机控制器与外部的连接如图 4-26 所示。

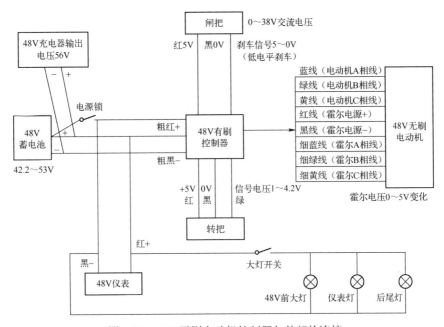

图 4-26　48V 无刷电动机控制器与外部的连接

控制器的工作过程如下：

当用户打开电源锁后，仪表得电，电源指示灯亮，显示蓄电池电量；同时，控制器也得电。此时，电动机不转，但是控制器输出 5V 电压给转把内的霍尔元件供电，同时输出 5V 电压给电动机内霍尔供电。

当用户转动转把时，转把信号线输出 1～4.2V 电压，此电压传递给控制器，控制器的零启动功能使电动机启动。电动机启动后，其内部磁钢转动，使霍尔传感器产生对应的位置信号，使霍尔元件输出 0～5V 的开关信号电压，此信号传递给控制器，控制三相引线输出 0～38V 由低到高的交流电压，此电压给电动机线圈，电动机开始由慢到快旋转。

当用户手捏闸把时，控器器得到 5～0V（低电平刹车）的刹车信号电压，断开电动机供电，电动机停止运转，起刹车断电作用。

第四节　控制器的常见故障诊断技巧

一、有刷电动机控制器损坏的故障诊断技巧

有刷电动机控制器损坏，仪表上有电，电动机不转诊断流程：

（1）去掉闸把连线，打开电源开关，转动转把试车，如果电动机旋转，则说明闸把损坏，应更换新件。

（2）将万用表设置在直流 200V 电压挡，打开电源锁，测量控制器红、黑电源线是否有与蓄电池组一致的电压，如果没有电压，则检查电源锁和整车熔断器（20A 或 30A）；如果有电压，则说明控制器已经供电，应进一步检查。

（3）先测量控制器输出转把的 5V 供电，如果无 5V 电压，则说明控制器的 5V 供电损坏，应更换控制器，如图 4-27 所示。

图 4-27　控制器输出 5V 供电的测量

（4）如果 5V 供电正常，可转动转把，测量转把的信号线与地线之间应有 1～4.2V 电压。如果无电压，则说明转把损坏，应更换新件，如图 4-28 所示。

（5）在转把正常的前提下，转动转把，测量控制器与电动机两条引线的电压，应有 0～40V 的直流电压（36V 车）。如果无此电压，则说明控制器损坏，应更换新件，如图 4-29 所示。

图 4-28 转把电压的测量

图 4-29 控制器输出电压的测量

二、有刷车飞车（打开电源，电动机高速运转）的故障排除流程

（1）有刷车飞车由以下原因造成：
① 调速转把损坏。
② 转把红、黑线短路。
③ 调速转把地线断路。
④ 控制器损坏。

（2）故障排除流程
① 去掉转把的 3 芯插件，如果不飞车，则说明转把损坏，应更换新件。
② 检查转把的红、黑线有无短路，如有短路应排除。
③ 检查转把的黑色地线是否断路，如有断路应排除。
④ 如果去掉转把的 3 根引线后仍然飞车，经检查无以上两种情况，说明控制器烧坏，应更换新件。

 技术指导

实际上，控制器烧坏造起的飞车大多是控制器内 MOS 管击穿引起的。判断 MOS 管的好坏可使用万用表的电阻挡。用万用表的电阻挡测量 MOS 管的 3 个引脚，应该没有短路（0Ω）现象。如果 MOS 管损坏，则可以通过更换同型号的 MOS 管来排除。MOS 管的测量如图 4-30 所示。MOS 管的更换如图 4-31 所示。

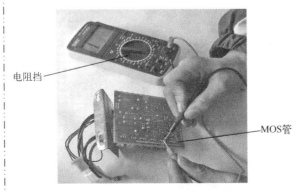

图 4-30 MOS 管的测量

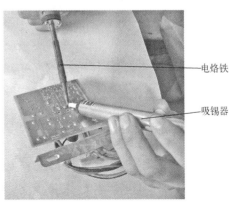

图 4-31 MOS 管的更换

三、控制器损坏的故障诊断技巧

控制器损坏,仪表上有电,电动机不转的诊断流程:

(1)去掉闸把连线,打开电源锁,转动转把试车,如果电动机旋转,则说明闸把损坏,应更换新件。

(2)将万用表设置在直流 200V 电压挡,打开电源锁,测量控制器红、黑电源线是否有与蓄电池组一致的电压,如果没有电压,则检查电源锁和整车熔断器(20A 或 30A);如果有电压,则说明控制器已经供电,应进一步检查。测量控制器的供电线如图 4-32 所示。

图 4-32 测量控制器的供电线

(3)先测量控制器输出转把的 5V 供电,如果无 5V 电压,则说明控制器的 5V 供电损坏,应更换控制器。

(4)如果 5V 供电正常,可转动转把,测量转把的信号线与地线之间应有 1~4.2V 电压。如果无电压,则说明转把损坏,应更换新件。

(5)打开电源锁的情况下,用万用表的直流 20V 挡测量霍尔的红黑电源线,是否有 5V 供电,如果无,则说明控制器损坏;如果有 5V 电压,可用手慢慢转动电动机,测量霍尔元件的蓝、绿、黄信号线对黑色地线,应有 0~5V 的电压变化,说明霍尔元件正常,如果霍尔元件损坏(其中一个、二个或三个),应同时更换三个霍尔元件。

(6)在转把和霍尔元件正常的前提下,转动转把,测量控制器与电动机的三条引线中的任意两条,应有 0~40V 的交流电压(48V 车),而且蓝绿、蓝黄、绿黄线三次测量结果基本相同。如果无此电压,则说明控制器损坏,应更换同型号的新件。测量无刷控制器的输出如图 4-33 所示。

图 4-33 测量无刷控制器的输出

四、控制器好坏的快速判断方法

由于控制器的判断流程较复杂,故下面介绍控制器的快速判断方法。

(1)选用数字万用表二极管挡,用红表笔接控制器负极线,黑表笔依次测量控制器主线的蓝、绿、黄线,三根引线测得的结果为 550mV 左右(因型号不同读数可能不同),读数应基本一致,表示控制器基本正常;否则,为控制器损坏,应更换新件,如图 4-34 所示。

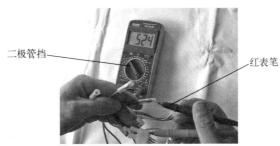

图 4-34 用二极管挡测量无刷控制器

(2)选用指针万用表的×1kΩ 电阻挡,红表笔接控制器负极线,黑表笔依次测量控制器主线的蓝、绿、黄线,读数应为 33kΩ 左右(因型号不同读数可能不同),并基本一致,表示控制器基本正常;否则为控制器损坏,应更换新件。

(3)经过以上测量(指测量场效应管即 MOS 管),如果测量读数不正常,则说明控制器损坏;如果以上测量都正常,则说明控制器基本正常,还需将控制器与车辆连接,接通电源,取消刹车线,试车。

五、用"绿盟"牌 LY-2 无刷电动车综合检测仪检测

先把原车无刷电动机与控制器的插头线一起断开,然后将检测仪 5 芯线公插头与控制器 5 芯线母插头对接牢固,检测仪的黄、绿、蓝三根子弹头线与控制器的黄、绿、蓝三根粗相线对接牢固,打开电源锁,将转把转至最大位置,观察控制器对应颜色线上的发光管是否依次有规律交替亮暗,如果是,表明控制器正常;如果有一组发光管长亮或不亮,则说明该相线功率管已损坏,应予以更换,如图 4-35 所示。

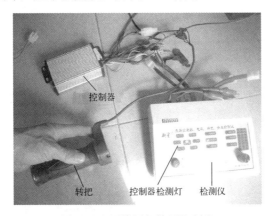

图 4-35 用检测仪检测控制器

第五章 充电器的结构、工作原理与故障维修技巧

阅读提示

本章首先介绍铅酸蓄电池充电器的型号和参数,然后介绍其结构、工作原理和代换方法,重点对充电器好坏判断与常见故障维修进行介绍。通过阅读本章,读者能熟练掌握充电器的工作原理与常见故障维修。

第一节 铅酸蓄电池充电器的种类

一、充电器简介

铅酸蓄电池充电器(以下简称充电器)是给电动自行车蓄电池补充电能的装置,如图 5-1 所示。它将 220V 交流电转换为蓄电池需要的直流电,充入蓄电池储存起来,供电动自行车使用。充电器的性能和质量主要影响蓄电池的使用寿命。

充电器有两个插头:一个是交流 220V 插头(见图 5-2);另一个是直流电输出插头(见图 5-3)。

图 5-1 充电器外形

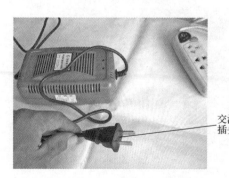

图 5-2 交流 220V 插头

图 5-3 直流电输出插头

充电器有两个指示灯:一个是电源指示灯(红色);另一个是充电指示灯(先红色,

后绿色）。充电器的安全是至关重要的，其外壳和其他易触及部件的绝缘性能应符合双重绝缘或加强绝缘的要求。充电器的两个指示灯如图5-4所示。

图5-4　充电器的两个指示灯

二、充电器分类

（1）按照电路结构分二段式充电器和三段式充电器。其中，二段式充电器基本已退出市场，目前智能三段式充电器性价比最高，用量最大。

三段式充电器的充电模式是将充电过程分为恒流—恒压—浮充三个充电阶段，三个充电阶段自动转换。

（2）按照电压高低可分为 36V、48V、60V 三种充电器。按与之相配的蓄电池容量大小可分为 12A·h 和 20A·h 两种充电器。

第二节　充电器的结构和工作原理

一、充电器的结构

充电器相当于一个变压器，将家用 220V 交流电转变成直流电，给蓄电池充电。充电器的内部结构如图5-5所示。

图5-5　充电器的内部结构

目前，市场上的充电器大多采用开关电源型三段式结构。各种充电器的内部结构大同小异，主要区别是内部选用的主处理芯片型号不同。一般采用的脉宽调制集成电路有 UC3842 系列单激式和 TL494 系列半桥式两种。

二、充电器的工作原理

充电器主要由整流滤波、高压开关、电压交换及恒流、恒压充电控制等组成，如图 5-6 所示。

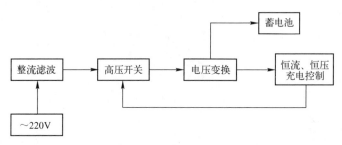

图 5-6　充电器的工作原理图

第三节　充电器的正确使用与选用原则

一、充电器的正确使用

充电器的使用方法是否正确，不仅影响充电器自身的可靠性和寿命，还影响蓄电池的使用寿命。

1. 充电器的使用方法

充电器充电时，应先插上充电器的直流输出插头（见图 5-7），然后插入交流 220V 插头（见图 5-8）。一般充电时间为 6～8h，实际中应根据蓄电池的放电情况而定。充电时，充电器的电源指示灯显示红色，充电指示灯也显示红色。当充电指示灯变为绿色后，表示蓄电池已基本充满。如果不急用，可再浮充 1～2h。停止充电时，应先拔下充电器的交流 220V 插头，然后拔下充电器的直流输出插头。

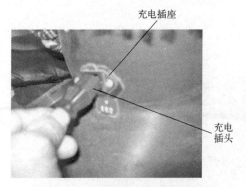

图 5-7　插上充电器的直流输出插头

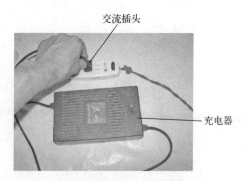

图 5-8　插入交流 220V 插头

2. 充电器的使用注意事项

（1）充电器应放置在干燥、通风的环境下，并注意防潮、防湿。充电器工作时会产生一定的热量，因此底部或四周严禁放置易燃物品，如塑料或泡沫等。如果在充电时闻到异味或充电器外壳温度过高，应立即停止充电。

（2）使用或存放充电器时，应防止液体或金属屑等进入充电器内部。

（3）尽量不要随车携带，如需携带，应将充电器用减震材料包装好后放置于车上工具箱内，并注意防雨。

二、充电器的选用原则

1. 正确的充电模式

铅酸蓄电池充电器应具有恒流、恒压和浮充（涓流）三个充电阶段。恒流阶段（红色灯亮）进入快速充电状态；恒压阶段（橙色灯亮）进入补充充电阶段，保证蓄电池不致析气和热失控；浮充阶段（绿色灯亮）表明蓄电池充满，补充蓄电池的自放电需要。

2. 合适的充电参数

多阶段充电器的设计关键在于参数的选择。正规的充电器厂家应该认真对待蓄电池厂家所提供的充电参数，并需对失效蓄电池进行大样本的分析研究，从而选择最佳参数。

3. 稳定可靠

选用质量稳定可靠的正品充电器。例如，48V 以上的充电器必须为智能型并带风机，严禁简化电路设计，降低综合技术指标；严禁选用低质低价的元器件，以次充好。

第四节　充电器的参数及代换原则

一、充电器的参数

1. 48V/10A·h 充电器的参数

第一阶段以恒流 1.8A 充电，电压逐渐上升到 58V；在第二阶段，电压从 58V 逐渐上升到 59.5~60V，电流逐渐下降到 0.3A（转换点）；第三阶段采用涓流（浮流）充电，恒压 56.5V。48V/10A·h 蓄电池的充电曲线如图 5-9 所示。

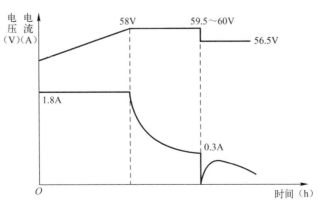

图 5-9　48V/10A·h 蓄电池的充电曲线

2. 48V/20A·h 充电器参数

第一阶段以恒流 2.7A 充电，电压逐渐上升到 58V；在第二阶段，电压从 58V 逐渐上升到 59.5～60V，电流逐渐下降到 0.35A（转换点）；第三阶段采用涓流（浮流）充电，恒压 56.5V。48V/20A·h 蓄电池的充电曲线如图 5-10 所示。

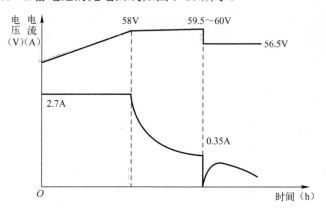

图 5-10　48V/20A·h 蓄电池的充电曲线

二、常用充电器的参数

表 5-1 列出了常用充电器的参数。

表 5-1　常用充电器的参数

电池种类	参数			
	电压（V）	电流（A）	转换电流（mA）	输入电压（V）
24V/12A·h	29 左右	≤1.8	380±60	220
24V/17A·h	29 左右	≤2.5	380±80	
24V/20A·h	29 左右	≤2.8	380±60	
36V/12A·h	42 左右	≤1.8	380±80	
36V/17A·h	42 左右	≤2.5	450±100	
48V/12A·h	56 左右	≤1.8	380±80	
48V/17A·h	56 左右	≤2.5	450±100	
48V/20A·h	56 左右	≤2.8	550±100	
60V/20A·h	72 左右	≤2.8	550±100	
72V/20A·h	86 左右	≤2.8	550±100	

三、充电器的代换原则

（1）充电器代换时要注意电压和被充蓄电池的 A·h（安时）参数，可通用的充电器如下：

- 36V/10A·h、36V/12A·h 与 36V/14A·h 通用。
- 36V/17A·h 与 36V/20A·h 通用。
- 48V/10A·h 与 48V/12A·h 通用。
- 48V/17A·h 与 48V/20A·h 通用。

（2）进行充电器代换时，圆孔型输出充电器可以通用代换，三孔型的不通用。

第五章 充电器的结构、工作原理与故障维修技巧

充电器的交流 220V 输入插头都一样，直流输出插头有圆孔型和三孔型两种。
① 圆孔型直流输出插头的中心为正极，外壳为负极，如图 5-11 所示。

 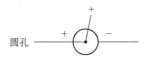

图 5-11　圆孔型直流输出插头

② 三孔型直流输出插头如图 5-12 所示，有三种接线方法。
- N 为正极，L 为负极，上部插孔为地线。
- N 为负极，L 为正极，上部插孔为地线。
- N 为负极，上部为正极，L 为地线，如速派奇电动自行车用充电器直流插头，这种直流插头充电器在使用中不会因正负极不对应而损坏。

图 5-12　三孔型直流输出插头

技术指导

充电器直流输出插头正负极的判断

用万用表直流 200V 挡测量充电器的直流输出插头，如果万用表显示"-××V"，表示红表笔所接为输出插头的负极；如果万用表显示"××V"，表示红表笔所接为输出插头的正极，如图 5-13 所示。

图 5-13　输出插头的正负极判断

| 115 |

第五节　充电器的故障诊断与维修

一、充电器的故障诊断方法

1. 观察充电器的指示灯情况

（1）正常情况下，充电器空载时电源指示灯为红色，充电指示灯为绿色或橙色；否则，表明充电器有故障，应检修。

（2）正常情况下，充电器插上蓄电池充电时电源指示灯为红色，充电指示灯刚充电时为红色，充满电后变为绿色或橙色；否则，表明充电器有故障，应检修。

2. 测电压法

正常情况下，用万用表直流 200V 挡测量充电器的直流输出端电压，36V 充电器输出电压为 42V 左右（见图 5-14），48V 充电器输出电压为 56V 左右（见图 5-15），60V 充电器输出电压为 72V 左右（见图 5-16）；否则，表明充电器有故障，应检修。

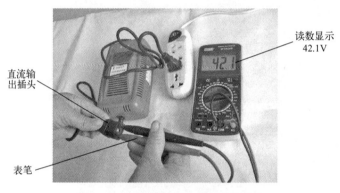

图 5-14　36V 充电器输出电压的测量

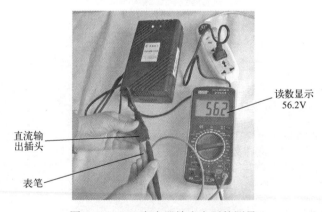

图 5-15　48V 充电器输出电压的测量

3. 测电流法

把万用表串联在充电器与蓄电池之间。正常情况下，36V/10A·h 充电器充电电流为 1.8A 左右；48V/20A·h 和 60V/20A·h 充电器充电电流为 2.8A 左右，如果电流过小或过大，均为充电器有故障。测电流法示意图如图 5-17 所示。

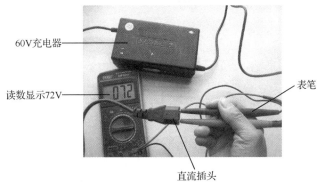

图 5-16　60V 充电器输出电压的测量

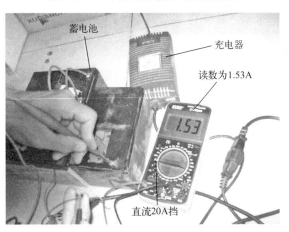

图 5-17　测电流法示意图

二、充电器的故障维修技巧

1. 充电器的红、绿指示灯都不亮

(1) 用数字万用表交流 750V 挡测量 220V 电源插座有无电压，如图 5-18 所示。

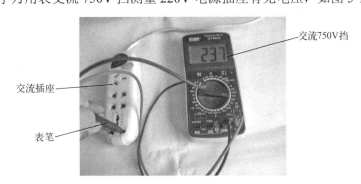

图 5-18　测量 220V 电源插座

(2) 打开充电器外壳，关闭电源，用万用表蜂鸣器挡检查交流 220V 电源进线是否断路，如图 5-19 所示。如果断路，需更换新线。交流进线无正负极，更换时两条线可在任意位置焊接。

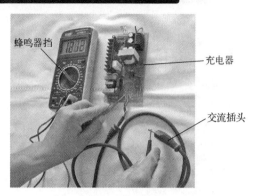

图 5-19 检查电源 220V 进线

（3）用万用表蜂鸣器挡检查充电器初级熔断器是否熔断，如图 5-20 所示。如果熔断，更换同规格（36V 充电器的电流为 2A，48V 充电器的电流为 3A）的熔断器。

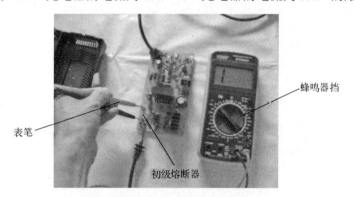

图 5-20 检查交流初级熔断器

（4）检查指示灯是否焊接牢固或损坏，如图 5-21 所示。

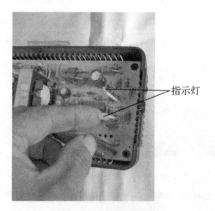

图 5-21 检查指示灯

技术指导

充电器内发光二极管好坏的判断技巧

选用数字万用表二极管挡，将红表笔接发光二极管正极，黑表笔接发光二极管负极,发光二极管应发光;否则,表明二极管已损坏,如图5-22所示。也可用3V纽扣电池进行检查,电池正极与发光二极管正极相接,电池负极与发光二极管负极相接,发光二极管应发光;否则,表明二极管已损坏,如图5-23所示。

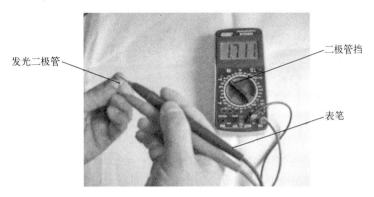

图5-22 用万用表检查发光二极管

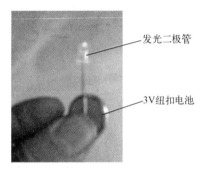

图5-23 用纽扣电池检查发光二极管

2. 充电器插上220V市电,红、绿灯一亮就熄灭

(1)检查充电器的交流220V插头与插座是否接触不良,如图5-24所示。

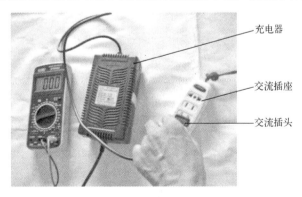

图5-24 检查插座

(2)用万用表蜂鸣器挡检查充电器变压器初级绕组是否断路,如图5-25所示,若断路,则需更换同型号变压器。

(3)用万用表的蜂鸣器挡检查充电器变压器次级绕组是否断路,若断路,则需更换同型号变压器。

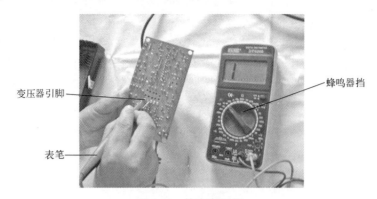

图 5-25　检查变压器

3. 充电器红、绿灯都亮，充电器没有输出电压

（1）检查充电器内输出级 3A 或 5A 熔断器是否熔断，如图 5-26 所示。如果熔断，应更换新熔断器。

图 5-26　检查输出级熔断器

（2）关闭电源，用万用表的蜂鸣器挡检查充电器直流输出线是否断路，如图 5-27 所示，如果断路，应更换新线。

图 5-27　检查直流输出线

第五章 充电器的结构、工作原理与故障维修技巧

技术指导

充电器直流输出线的更换技巧

由于直流电有正、负极之分,因此更换直流输出线时,一定要注意正、负极,不可接错。如果接错,充电器会被烧坏。更换时,需用万用表检查充电器的正、负极与被充蓄电池的正、负极是否对应,如果不对应,应调换正、负极引线。用万用表测量输出电压时,如果读数显示为负值,表明红表笔所接为负极。充电器正、负极判断示意图如图 5-28 所示。

图 5-28　充电器正、负极判断示意图

4. 充电器刚插上充电,充电指示灯就转绿灯

(1)检测充电器是否损坏,可测量充电器的输出电压是否为额定值。

(2)检查充电器直流输出插头与蓄电池充电插头是否插紧,如图 5-29 所示。检查充电插头或端子是否损坏,如损坏,应更换。

图 5-29　检查蓄电池充电插头

(3)检查蓄电池盒内熔断器是否熔断,如图 5-30 所示,如果熔断,应更换 20A 或 30A 熔断器。

(4)检查蓄电池连接线是否断路,如图 5-31 所示。

(5)检查蓄电池组内某个蓄电池是否开路,如图 5-32 所示。分别测量每个蓄电池的电压、电流,无电压、电流的蓄电池表明已失效,应更换。

图 5-30 检查蓄电池盒内的熔断器

图 5-31 检查蓄电池连接线

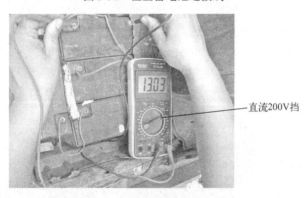

图 5-32 检查蓄电池是否开路

5. 充电器充电时电压不稳定

（1）检测交流 220V 电压是否稳定。

（2）检查充电器插座是否插紧，连线是否有破损处。

（3）打开充电器外壳，检查充电器内部线路板是否有虚焊或接触不良处，如有，则需补焊。检查线路板虚焊处如图 5-33 所示。重新焊接如图 5-34 所示。

6. 充电器发热，甚至有外壳烧坏变形现象

（1）检查测量充电器交流电压是否过高。电压过高会造成充电器因发热而损坏。

（2）检查充电器内元器件是否虚焊。

（3）如果是 48V 充电器，检查风机是否旋转，如图 5-35 所示，加入缝纫机油润滑。如果损坏，则应更换新风机。

第五章 充电器的结构、工作原理与故障维修技巧

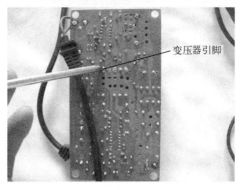

图 5-33 检查线路板虚焊处

图 5-34 重新焊接

图 5-35 检查充电器风机

7. 充电器直流输出部分铜箔烧断

（1）打开充电器后，检查充电器输出部分铜箔是否烧断。烧断通常是由于蓄电池正、负极接反导致的。检查输出部分铜箔如图 5-36 所示。

（2）检查输出线的 3A 或 5A 熔断器是否损坏。如果损坏，则更换同型号新件。更换新熔断器示意图如图 5-37 所示。

（3）检查元器件是否损坏。如果损坏，则用同型号元器件更换，并用导线将铜箔断裂处连接焊好，如图 5-38 所示。

8. 充电器输出电压很高，大于额定值

（1）检查充电器输出电压，36V 充电器的输出电压大于 45V，48V 充电器的输出电压大于 60V，60V 充电器的输出电压大于 73V，表明输出电压过高。

图 5-36　检查输出部分铜箔

图 5-37　更换新熔断器示意图

图 5-38　用导线连接断裂处铜箔

（2）用螺丝刀调整充电器输出端的可调电阻，使 36V 充电器的输出电压为 42V，48V 充电器的输出电压为 56V，如图 5-39 所示。

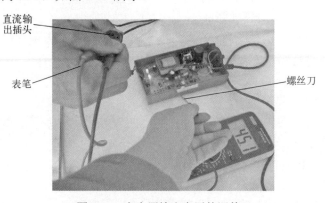

图 5-39　充电器输出电压的调整

第六章

Chapter 6

铅酸蓄电池的结构、工作原理与故障维修技巧

阅读提示

本章首先介绍铅酸蓄电池的发展概况、结构和工作原理,然后介绍蓄电池的检测与更换方法,重点介绍蓄电池的常见故障与维修方法。通过阅读本章,读者可以掌握蓄电池的故障检测与维修方法。

第一节 电动自行车常用蓄电池的种类

蓄电池是电动自行车的动力来源,其质量直接影响电动自行车的续行里程。

电动自行车常用蓄电池可分为铅酸蓄电池、锂离子蓄电池、镍氢蓄电池。铅酸蓄电池质量大、体积大、性能稳定,对充放电要求严格。镍氢蓄电池和锂离子蓄电池质量小、体积小,价格贵。铅酸蓄电池又可分为普通铅酸蓄电池和胶体铅酸蓄电池。胶体铅酸蓄电池的电解质为胶状,自放电小,比普通电解液及密封蓄电池更耐储存。另外,胶体铅酸蓄电池还具有良好的耐充放性能和耐低温性能。

目前,电动自行车上使用的蓄电池大多为铅酸蓄电池。锂离子蓄电池、镍氢蓄电池也有少量使用。镍氢蓄电池在技术上、工艺上不成熟,造价高,尚未普及。

(1) 阀控式铅酸免维护蓄电池

阀控式铅酸免维护蓄电池已有130年的历史,可以说是使用最多的蓄电池。它的性能可靠,生产工艺成熟,价格较低,在使用中不需要补充水分,免维护。阀控式铅酸免维护蓄电池如图6-1所示。

(2) 胶体铅酸蓄电池

胶体铅酸蓄电池是铅酸蓄电池的改进型,在安全性、蓄电量、放电性能和使用寿命等方面较普通铅酸蓄电池有所改善。胶体

图6-1 阀控式铅酸免维护蓄电池

铅酸蓄电池特别适合气温较低的地区使用,如我国东北地区。胶体铅酸蓄电池如图6-2所示。

图6-2 胶体铅酸蓄电池

第二节 铅酸蓄电池的结构与工作原理

一、铅酸蓄电池的结构

蓄电池由正(负)极板群、电解液、隔板、蓄电池槽及其他零部件等组成,如图6-3所示。

1. 正、负极板群

正、负极板群在硫酸电解液中发生氧化还原反应。板栅一般由铅锑合金和铅钙合金组成。正极板主要成分为二氧化铅(PbO_2),颜色为棕色、棕褐色、红褐色。负极板活性物质为海绵状金属铅,颜色为灰色、浅灰色、深灰色。极板是蓄电池的核心部件,被誉为蓄电池的"心脏"。目前电动自行车蓄电池绝大多数采用涂膏式正、负极板。蓄电池的极板如图6-4所示。

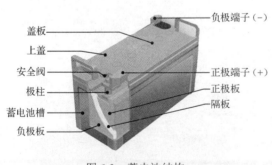

图6-3 蓄电池结构

图6-4 蓄电池的极板

2. 电解液

电解液的作用是在化学能转换为电能的电化学反应中被电离成离子,起导电作用并参与电化学反应。电解液是蓄电池中必不可少的活性物质之一。

目前,铅酸蓄电池使用的电解液有两种:一种是原液,硫酸电解液密度为1.28g/L,适合新铅酸蓄电池使用;另一种是补充液,硫酸电解液密度为1.03g/L,适合旧铅酸蓄电池使用。电解液如图6-5所示。

第六章 铅酸蓄电池的结构、工作原理与故障维修技巧

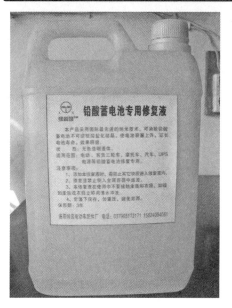

图 6-5 电解液

 重要提示

电解液由水（蒸馏水）、硫酸和一些添加剂组成。电解液的配制有一定的比例，应符合 HG/T 2692—95 标准。配制时应把硫酸倒入蒸馏水中，并缓慢搅拌。注意，千万不可将蒸馏水倒入硫酸中，否则会产生爆炸，非常危险。

3. 隔板

隔板起隔离作用，放在蓄电池正、负极之间，防止正、负极板短路，由允许离子穿过的电绝缘材料构成。通常采用 PE、橡胶、塑料、复合玻璃纤维隔板等。隔板自身具有较高的孔率，孔率占隔板体积的 50%～80%。隔板具有耐酸和耐氧化性强等特点。电动自行车用铅酸蓄电池以超细玻璃纤维隔板为主，如图 6-6 所示。

4. 蓄电池槽

蓄电池槽是容纳电极和电解液的容器，具有耐酸绝缘、强度高等特点。蓄电池槽的大小由蓄电池设计的容量确定。一般情况下，蓄电池槽体积大，则容量大；体积小，则容量小。目前电动自行车蓄电池槽的原料以 ABS 工程塑料为主，如图 6-7 所示。

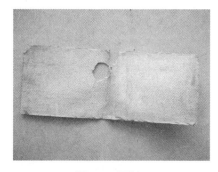

图 6-6 隔板

图 6-7 蓄电池槽

5. 其他零部件

其他零部件包括蓄电池盖、螺纹液孔塞、安全阀、顶盖和正、负极柱等。

安全阀结构类型较多，主要有帽式安全阀、伞式安全阀、螺旋式安全阀等。安全阀称为"蓄电池的保护伞"，主要起安全保护、内压保护、密封保护和防爆保护等作用。

二、铅酸蓄电池的工作原理

1. 放电

蓄电池对外电路输出电能叫作放电。蓄电池连接外部电路放电时，硫酸会与正、负极板上的活性物质发生反应，生成化合物"硫酸铅"。放电时间越长，硫酸浓度越低，电池里的"液体"越少，电池两端的电压就越低。

2. 充电

蓄电池从其他直流电源获得电能叫作充电。充电时，在正、负极板上的硫酸铅会被分解还原成硫酸、铅和氧化铅，同时在负极板上产生氢气，正极板上产生氧气。电解液中酸的浓度逐渐增加，电池两端的电压上升。当正、负极板上的硫酸铅都被还原成原来的活性物质时，充电就结束了。在充电时，在正、负极板上生成的氧和氢会在电池内部"氧合"成水回到电解液中。

3. 铅酸蓄电池的基本原理

（1）正极产生氧气通过隔板穿透到负极，在负极表面发生氧化反应，生成氧化铅。

（2）氧化铅与硫酸反应生成硫酸铅。

（3）硫酸铅通过充电又转化成铅。

第三节　铅酸蓄电池的性能指标

一、蓄电池的行业标准

1. 蓄电池容量

（1）蓄电池的额定容量按国家标准规定，单位为 A·h（安时），反映了蓄电池存储电量的多少。数值越大，存储的电量就越多。

（2）蓄电池的实际容量反映蓄电池中实际存储电量的多少，单位为 A·h（安时）。同样，安时值越大，蓄电池容量就越大，电动自行车的续行里程就越远。在使用过程中，蓄电池的实际容量会逐步衰减。国家标准规定，新出厂的蓄电池实际容量大于额定容量为合格蓄电池。

2. 放电循环寿命

放电循环寿命指的是蓄电池进行充电、放电直到蓄电池容量减少到额定容量 70%时的循环次数。充足电后再放电到一定的深度为一次循环。蓄电池循环次数越多，寿命越长。电动自行车蓄电池的循环次数不少于 350 次，低于 350 次为不合格蓄电池。

3. 蓄电池额定电压

国家标准规定铅酸蓄电池每格电压值为 2.1V，市场上的电动自行车每个蓄电池电压为 12V。每个 12V 蓄电池由 6 个单格蓄电池串联而成。大部分电动自行车用的蓄电池为

36V 或 48V，36V 蓄电池由 3 个 12V 蓄电池再串联形成蓄电池组；48V 蓄电池由 4 个 12V 蓄电池再串联形成蓄电池组。

蓄电池组工作电压是指蓄电池组实际输出电能时的电压值。36V 蓄电池组工作电压一般为 31.5～41V，低于 31.5V 时称为过放电或欠电压；48V 蓄电池组工作电压一般为 42～55V，低于 42V 时称为过放电或欠电压，此时容易损坏蓄电池组，影响蓄电池的使用寿命。

二、主要性能指标

额定电压、额定容量是铅酸蓄电池最重要的两个性能指标参数。

1. 额定电压

国家标准规定的蓄电池电压值为额定电压，单位为 V（伏特）。把单格约为 2.1V 电压串联 3 格成为 6.3V（标称为 6V）。同理，串联 6 格就为 12.6V（标称为 12V）。

2. 额定容量

容量是指从蓄电池中可取出的电量。按国家标准规定，蓄电池容量以放电电流（A）和能放电的时间（h）之积，即用安时（A·h）来表示，反映蓄电池存储电量的多少。数值越大，存储的电量就越多。例如，电动自行车用容量为 10A·h 的蓄电池就是以 5A 电流可放电 2h，电动自行车用容量为 14A·h 的蓄电池就是以 7A 电流可放电 2h，电动自行车用容量为 20A·h 的蓄电池就是以 10A 电流可放电 2h。

第四节　电动自行车用铅酸蓄电池的规格型号

一、产品特点

（1）蓄电池密封，无酸雾、酸液泄漏，安全可靠。
（2）蓄电池可以卧放、正放使用，使用过程维护工作极少，使用方便。
（3）针对电动自行车用蓄电池的使用特点，采用专用技术设计制造，循环寿命长，比能量大。
（4）采用优质原材料，蓄电池自放电小，一致性好。

二、产品规格型号

我国铅酸蓄电池的型号一般以汉语拼音字母来表示，并附有各种数字，分别表示蓄电池的结构、性能、单体蓄电池数和蓄电池额定容量。

例如：

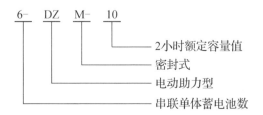

表 6-1 列出了电动自行车用铅酸蓄电池的产品规格型号。

表 6-1　电动自行车用铅酸蓄电池的产品规格型号

蓄电池型号	额定电压（V）	额定容量（A·h）	外形尺寸（mm）			总高（mm）	质量（kg）
			长	宽	高		
3-DZM-10	6	10	151	50	94	100	2.1
6-DZM-6	12	6	151	65	94	100	2.7
6-DZM-10	12	10	151	99	94	100	4.2
6-DZM-12	12	12	151	99	96	101	4.5
12V 17A·h	12	17（5h率）	181	77	167	167	6.5
12V 20A·h	12	20（5h率）	181	77	170	172	7.2
6-DZM-32	12	32	197	166	168	168	14.0
24V 14A·h	24	14（5h率）	302	100	97	102	9.0
18-DZM-12	36	12	380	151	102	102	14.0
12-DZM-14	24	14	321	100	120	120	12.0

第五节　铅酸蓄电池的检测与更换

一、铅酸蓄电池的检测

1. 外观检测

（1）蓄电池外观正常，无划痕、裂纹、碰伤等机械损伤。

（2）蓄电池表面干净，无电解液渗漏。

（3）蓄电池端子正常位置方向一致，无锈蚀。

（4）蓄电池正、负极标志清晰，极性正确，红正黑（或蓝）负。

（5）印刷商标、出厂日期位置正确，不能歪斜，字迹清晰。

2. 开路电压

单个蓄电池的开路电压为 10.5～12.8V，整组蓄电池中的开路电压差不得大于 50mV。

3. 放电容量

将新蓄电池用充电器充电至转绿灯后，再按标准电流用 LY-5 蓄电池容量精密测试仪对蓄电池进行放电检测，应符合国家标准 2h 率要求。

4. 蓄电池容量检测表检测

用蓄电池容量检测表检测蓄电池，指针应不低于红色刻度（10.5V）。

5. 测比重

用比重计测量电解液密度，应为 1.28g/L，越高越好。

二、铅酸蓄电池的更换

一般情况下，蓄电池放电深度在 50%～70%时的寿命为一年左右。个别厂家生产的蓄电池（和整车厂四大件匹配合理）可以达到两年以上。铅酸蓄电池正常可以使用一年多，用户应根据使用的具体条件及运行状况确定是否需要报废。

铅酸蓄电池一般使用一年到两年后，容量逐渐减退，性能逐渐降低，经修复仍无法正常使用的，就需要更换新铅酸蓄电池。

1. 铅酸蓄电池寿命终止的表现

（1）蓄电池实际放电容量低于额定容量的 60%左右，经修复无明显上升的，可以确定报废。一般容量衰减到 60%左右后性能会大幅衰减，很快就会彻底失去充放电能力。其具体表现为短时间很快充满电，又很快放完电，不能存储电量，续行里程很短。

（2）蓄电池充电时严重发热，外壳变形。蓄电池极板软化变形，活性物质脱落，蓄电池内电解液发黑，严重失效时无法修复。

（3）蓄电池的寿命终止时，用万用表和电流表测试电压、电流很低，性能下降，蓄电池内可能产生短路、断路现象。

2. 蓄电池的选择与更换

蓄电池制造厂家众多，制造工艺不同，质量有差异，建议选用知名厂家生产的蓄电池。这些厂家售后服务完善，更换时必须整组更换生产日期相同的蓄电池，因为每组蓄电池的电压、放电时间都有微小的差别，即使同一个厂家生产的蓄电池，不同生产日期的蓄电池，其电压、电流也有差别。

更换前要仔细阅读使用说明书并检查充电器是否与蓄电池性能配套。若不符合，应进行更换，直到符合要求为止。如果发现异常，应找出原因及时解决，不符合要求的不能更换。更换后的蓄电池在运行初期应特别注意与之匹配的充电器、控制器的匹配情况，发现异常应查找原因，并及时处理。

3. 蓄电池的拆装

（1）拆卸旧蓄电池

① 关闭整车电源，把蓄电池盒从电动自行车上取下，如图 6-8 所示，放在工作台上。

图 6-8　取下蓄电池盒

② 用螺丝刀拆下蓄电池的紧固螺钉，慢慢打开蓄电池盒，注意不要损坏蓄电池盒，如图 6-9 所示。

③ 用 50W 电烙铁将蓄电池连线端子焊下，并包扎接头，防止短路。将连线焊下后，把蓄电池从盒中取出。有的厂家安装蓄电池采用不干胶将蓄电池和蓄电池盒黏结在一起，拆开时先用一字螺丝刀撬动，再用力拉下，如图 6-10 所示。

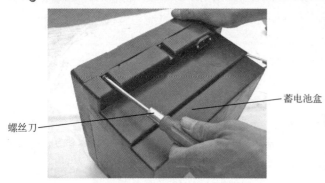
图6-9 打开蓄电池盒

图6-10 取出蓄电池

（2）安装新蓄电池

把新蓄电池按原蓄电池的安装方式摆放，并焊接。

按一个蓄电池的正极与另一个蓄电池的负极相连的方法，将所有蓄电池连在一起，最后余下一正、一负两个端子，用电烙铁焊好，如图6-11所示。连线后用万用表电压挡测量蓄电池电压是否正常，正负极是否正确，如图6-12所示。

蓄电池安装要牢固、防振。应避免上下左右窜动撞击，最好在蓄电池底部垫上橡胶防振垫片或用双面胶粘牢，以免蓄电池壳体振裂、接头松动。

图6-11 蓄电池的连接

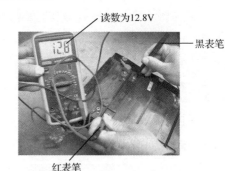
图6-12 测量蓄电池电压

技术指导

蓄电池更换中应防止蓄电池正、负极相碰，以免出现短路事故。

蓄电池连接好后，重点检查充电插座与充电器正、负极是否对应；蓄电池盒插座与整车上（控制器正、负极电源线）正、负极是否对应。如不对应，则调线。

控制器正、负极引线极性的判断：打开电源锁，用手快速转动电动机，并用万用表直流20V挡测量控制器与蓄电池连接线的输出电压。如果万用表显示"-"，说明红表笔所接为负极；如果万用表显示"00.0"，说明红表笔所接为正极，如图6-13所示。

图6-13 控制器引线正、负极的判断

（3）装车试用

蓄电池装好后，把蓄电池盒放入车中，打开电源锁，观看仪表盘上电压正常后，再旋转转把试车并骑车试用。

第六节　蓄电池的选择、使用和保养

一、蓄电池的选择

（1）蓄电池的品牌不同，配方也不同。各生产企业的化学配方属自主知识产权，相互之间保密，配方的不同决定了蓄电池的容量与寿命也不同。

（2）品牌蓄电池采用的都是高纯度铅，而一般蓄电池多采用回收旧铅，纯度低，内阻大，正负极板杂质多，不易还原，会出现充电发热现象，使蓄电池过早失水，寿命缩短，因此很多电动自行车蓄电池用不到半年续行里程就明显下降。

（3）在生产工艺及管理方面，品牌蓄电池厂家的生产规模都很大，主要的工序都实现了自动化，有严格的生产工艺管理体系，产品质量稳定。而一般蓄电池的厂家生产规模小，基本是手工操作，无法保证产品的质量。

（4）品牌蓄电池厂家建立了完善的售后服务体系，售后服务有保障。

二、蓄电池的使用常识

1. 装车使用说明

（1）不懂蓄电池安装方法的人员不得安装和拆卸。

（2）安装和拆卸蓄电池时，应先关闭电源开关。

（3）安装时应确认正、负极，避免正、负极接反。

（4）安装蓄电池时，避免金属工具搭在正、负极上，造成短路，损伤蓄电池。

（5）安装蓄电池时，卡（线）与端子要卡（焊）实，不得有松动现象。蓄电池应安装牢固，避免蓄电池在行驶过程中因颠簸而振动，导致蓄电池损伤漏液。

（6）为了补充在存储和运输中的电量损失，用户应在使用前进行补充充电。将随车充电器插上蓄电池插座，接上电源充电 4～8h 即可。

2. 充电方法与注意事项

（1）充电方法

① 采用三阶段充电方式。

② 充电器必须有足够精度和稳压性能。

③ 充电时间：25℃时一般为 7～10h；冬季时为 8～10h；夏季时应注意蓄电池温度，如果蓄电池温度超过 40℃，应暂停充电，待蓄电池温度下降后再继续充电。

（2）注意事项

① 为避免损坏蓄电池，在使用中禁止过充电、欠充电和过放电。

② 随车使用的充电器必须有足够精度和稳压性能，否则将损坏蓄电池。

③ 电动自行车不用时，蓄电池需充足电后存放，并每月补充充电一次，以免长期亏电造成硫化，影响蓄电池寿命。

④ 蓄电池不能接近明火或高温热源，不能将蓄电池抛入火中；炎热天气，严禁在阳光下直接曝晒蓄电池。

⑤ 如果发现蓄电池外壳破裂、渗漏，必须更换蓄电池，以免造成酸液腐蚀。

⑥ 电解液为酸性溶液，切勿沾到皮肤或衣服上，切忌溅入眼内。如果沾到皮肤、衣物上或溅入眼中，必须及时用清水冲洗。

⑦ 蓄电池在使用6～8月后请专业人员维护，可延长蓄电池使用寿命。

三、影响蓄电池使用寿命的因素

1．充电

① 使用后不及时充电。
② 充电线路不良造成蓄电池充电不足或不能充电。
③ 充电器不符合要求而造成过充或欠充。
④ 冬季气温较低，充电困难，未延长充电时间。

2．放电

① 蓄电池放电越深，寿命越短。对于蓄电池的保护电压，12V 蓄电池的电压不低于10.5V，6V 蓄电池的电压不低于 5.25V。
② 存放期内未定期补充充电。

3．温度

① 充电时环境温度过高（超出 40℃）。
② 放电时环境温度低于-10℃。

四、蓄电池的保养

蓄电池的使用寿命不仅与生产厂家产品质量及电动自行车的系统配置有关，与消费者的使用、保养也有很大的关系。因此，要用好电动自行车：一是要认真选择品牌，了解质量状态和服务承诺，以便获得质量好的电动自行车；二是要了解掌握一些蓄电池的使用及维护保养的基本知识。

（1）保持蓄电池的充电状态。每天骑行电动自行车，无论多远（10～50km），均应补充充电，使蓄电池长期处于"吃饱"状态，而且当天就充。用完了闲置几天再充，易出现电极硫化，容量下降。

（2）进行定期深放电。建议使用两个月后进行一次深放电，即长距离骑行直到欠电压指示闪光，电量用完后，充电恢复蓄电池容量。

（3）禁止亏电存放。蓄电池亏电存放会严重影响使用寿命，闲置时间越长，蓄电池损坏也越严重。

（4）定期检验。假如新买的车续行里程达不到要求，三个月之内出现续行里程严重减少，如十几千米。此时可用万用表检查蓄电池外接线柱的电压值，充满电时 36V 车的电压应为 39～42V。假如低很多，或者打开蓄电池盒，发现其中一块蓄电池电压低于10.5V，可能是内部单格短路。此时应找维修站修理更换，以免损坏另外几块好蓄电池。另外，也应检查充电器的故障。

（5）电动自行车的设计载重为 75kg，因此应避免带过重的物件。另外，启动、上坡、逆风行驶、轮胎气压不足、频繁刹车等都会耗费较大的电能，从而影响整车的续行里程。如果想获得最佳的续行里程，建议在起步和上坡时用脚踏助力。因为启动和上坡时电池放电过快，电压会快速下降。蓄电池每次使用的放电深度越小，蓄电池的使用寿命越长。所以减少大电流放电，可以延长蓄电池的使用寿命，增加续行里程。另外，不管蓄电池采用多大容量的电池组，用户都应养成随用随充的良好习惯。

（6）冬季，蓄电池容量随气温下降而下降是正常现象，以20℃为标准，一般−10℃容量为标准容量的80%。

（7）长期保持蓄电池表面的清洁。存车时禁止曝晒，应将车存放在阴凉、通风、干燥的地方。

第七节　铅酸蓄电池的故障与维修

蓄电池是电动自行车四大件中价值最贵的部件，其性能质量直接影响电动自行车的整体性能和续行里程。由于蓄电池制造厂家质量参差不齐，用户使用条件千差万别，造成蓄电池在使用中常出现一些质量问题。下面介绍蓄电池常见故障和维修方法。

一、蓄电池"短寿"

有些电动自行车蓄电池寿命短，用不到一年就出问题。造成蓄电池寿命短的原因，除蓄电池自身的原因，如铅的纯度低（有的用回收铅）、工艺配方、极板工艺及加工精度等外，以下原因也直接影响蓄电池的寿命。

（1）充电器：二段式充电器线路简单、价廉，容易造成电压不稳。过充、浮充、无保护，直接影响蓄电池寿命。

（2）控制器：低价、功能不全、放电电流过大，无过载、欠电压、限流保护，造成蓄电池过度放电伤害，会潜在影响蓄电池的寿命。

（3）电动机：低速无刷电动机重，铁损、铜损大，磁钢退磁、效率低，无离合器，滑行功能差，不加电马上增加阻力，耗电电流大，靠大电流放电驱动，在同样情况下比有刷高速电动机耗电大，续行里程短，影响蓄电池的寿命。

（4）踏板车大多配低速无刷电动机，车体重，骑行无助力，造成蓄电池的寿命短。

（5）蓄电池自身的质量原因。

二、蓄电池发热

充电器电压偏高，蓄电池极板硫化，导致充电后期发生电解水反应（产生H_2和O_2），蓄电池内部压力增大，H_2和O_2泄漏，造成水分丢失。当水分丢失过多后，蓄电池内部发生热失控，蓄电池就会鼓包。如果发生极板断裂产生火花，点燃H_2和O_2就会爆炸。

三、刚换的新电池也跑不远

（1）整车性能下降（机械部分不灵活，缺少润滑油，轴承卡滞，车架变形，前后轮不平行）。

(2) 电动机耗电（电刷磨损，线圈漏电，磁钢退磁，控制器性能变差）。

(3) 充电器电压不够或性能下降，蓄电池充不满电。

(4) 控制器欠电压保护值过高，蓄电池没有放完电就跑不动。

四、蓄电池变形

图 6-14 蓄电池变形

蓄电池变形如图 6-14 所示。

1. 故障现象

蓄电池变形不是突发的，往往有一个过程。

蓄电池在充电到容电量的 80%左右进入高压充电区，这时在正极板上先析出氧气，氧气通过隔板中的空隙到达负极，在负极板上进行氧复活反应。反应时产生热量，当充电容量达到 90%时，氧气产生速度增大，负极开始产生氢气。大量气体的增加使蓄电池内压超过开阀压力，安全阀打开，气体溢出，最终表现为失水。随着蓄电池循环次数的增加，水分逐渐减少，结果蓄电池出现以下情况。

(1) 氧气"通道"变得畅通，止极产生的氧气很容易通过"通道"达到负极。

(2) 热容减小，在蓄电池中热容最大的是水，水损失后，蓄电池热容大大减小，产生的热量使蓄电池温度升高很快。

(3) 由于失水后蓄电池中超细玻璃纤维隔板发生收缩现象，使之与正、负极板的附着力变差，内阻增大，充、放电过程中发热量加大。经过上述过程，蓄电池内部产生的热量只能经过蓄电池槽散热。如果散热量小于发热量，就会出现温度上升现象。温度上升，使蓄电池析气，电位降低，析气量增大，正极大量的氧气通过"通道"在负极表面反应，发出大量的热量，使温度快速上升，形成恶性循环，即所谓的"热失控"。最终温度达到 80℃以上，从而发生变形。

2. 检查维修

(1) 一组蓄电池（三个）同时变形时，先做电压检查。如果电压基本正常，还应测量单格电压，判断是否短路。无短路，说明变形是过充电产生"热失控"所致，应着重检查充电器的充电参数，电压是否偏高（高于 45V 以上）、有无过充电保护或涓流转换点电流是否相同。一般用铅钙锡铝合金制作的板栅构成的蓄电池转换电流较小，而用铅锑合金制作的板栅构成的蓄电池转换电流较大。

(2) 一组蓄电池（三个）中只有一个或两个变形，有以下故障的可能性。

① 蓄电池电量不一致，充电时造成某些蓄电池过充引起变形。电量不一致的原因，可能有短路单格存在，也可能由用户自放电引起。

② 某些蓄电池出现极板不可逆硫酸盐化，内阻增大，充电发热变形。

③ 蓄电池连线时错误，造成充电发热变形。对未变形的蓄电池检查放电容量及自放电特性。若无异常，则不属于蓄电池问题。

3. 预防措施

(1) 在保证不漏液的前提下尽可能多加液，以延长或避免"热失控"的产生。

（2）避免产生内部短路或微短路，以及带有微短路的倾向发生。

（3）使用过程中应防止过放电的发生，做到足电存放；严格检查充电器，不得有严重过充现象。

（4）在高温下充电，必须保证蓄电池散热良好。应采取降温措施或缩短充电时间的方法；否则，应停止充电。

五、蓄电池漏液

1. 故障现象

常见的漏液现象：一是上盖与底槽之间密封不好或因碰撞、封口胶开裂造成漏液；二是帽阀渗酸漏液；三是接线端渗酸漏液；四是其他部位出现渗酸漏液。

2. 检查维修

先做外观检查，找出渗酸漏液部位，如图 6-15 所示。如果上盖处漏液，则重新把上盖用万能胶封好。取下盖片，察看帽阀周围有无渗酸漏液痕迹；再打开帽阀，观察蓄电池内部有无流动的电解液。完成上述工作之后，若仍未发现异常，则应做气密性测试。最后在充电过程中，观察有无流动的电解液产生，如果有，则说明电解液过多，应将多余的电解液抽尽。

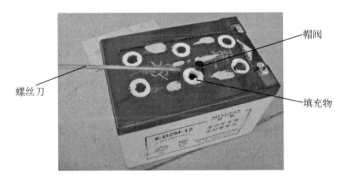

图 6-15　检查漏液

六、蓄电池充不进电

1. 检查分析

（1）检查充电回路的连接是否可靠。检查连线与插头接触是否完好。认真检查插头和插座是否有烧坏现象，有无线路损伤断线等，如图 6-16 所示。

图 6-16　检查插头和插座

（2）检查充电器有无损坏（见图 6-17），充电参数是否符合要求。36V 充电器的额定电压为 42V，电流为 1.8A；48V 充电器的额定电压为 56V，电流为 2.8A；60V 充电器的额定电压为 72V。

图 6-17　检查充电器电压

（3）查看蓄电池内部是否有干涸现象，即蓄电池是否缺液严重。

（4）检查极板是否存在不可逆硫酸盐化。极板的不可逆硫酸盐化可通过充放电测量端电压的变化来判定。充电时，蓄电池电压上升得特别快，某些单格电压特别高，超出正常值很多；放电时，电压下降得特别快，电池不存电或存电很少。出现上述情况，可判断蓄电池出现不可逆硫酸盐化。

2. 维修方法

先将充电回路连接牢固，充电器不正常的应更换。干涸的蓄电池应补加纯水或密度为 1.03g/L 的稀硫酸，恢复蓄电池容量。如果发现有不可逆硫酸盐化，应进行均衡充电恢复容量。干涸的蓄电池加液后的维护充电，应控制最大电流为 1.8A，充电 10~15h，三个电池的电压均在 13.4V 以上为好。如果电池之间电压差超过 0.3V，说明电池已经出现不同步的不可逆硫酸盐化。对于发生不可逆硫酸盐化的电池，需要更换整组蓄电池或激活蓄电池。

七、新蓄电池电压降得快

1. 检查分析

蓄电池电压降得快的原因有：①蓄电池故障；②电动自行车故障、轮胎气压不足、电动自行车刹车抱死；③充电器故障，蓄电池没有充满电。

2. 维修方法

（1）检查蓄电池连接线是否可靠，有无短路和连接不可靠等，如图 6-18 所示。

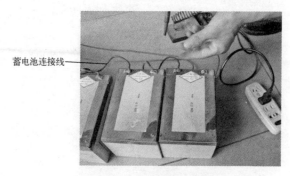

图 6-18　检查蓄电池连接线

（2）检查电动自行车启动和运行电流是否过大。若过大（启动电流在 8A 以上，运行时的空载电流在 1.8A 以上），应调整控制器限流值或检查修理电动机。

（3）检查蓄电池容量是否偏低。如果偏低，应充电。检查蓄电池容量示意图如图 6-19 所示。

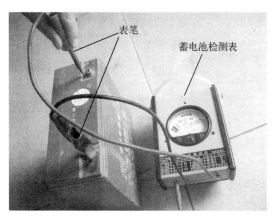

图 6-19　检查蓄电池容量示意图

（4）以上检查正常后，对蓄电池进行放电检测。首先用充电器将蓄电池充满，使用 LY-5 蓄电池容量精密测试仪对蓄电池进行 2h 率放电检测，对照蓄电池 2h 率放电电压与容量的关系表（12V 蓄电池）即可找到故障，如表 6-2 所示。用 LY-5 蓄电池容量精密测试仪检测蓄电池如图 6-20 所示。

表 6-2　蓄电池 2h 率放电电压与容量的关系表

容　　量	100%	90%	80%	70%	60%	50%
电压（V）	12.66	12.60	12.52	12.43	12.30	12.13
容　　量	40%	30%	20%	10%	0%	
电压（V）	11.94	11.74	11.43	11.18	10.50	

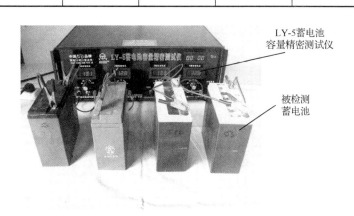

图 6-20　用 LY-5 蓄电池容量精密测试仪检测蓄电池

八、蓄电池自行放电

1. 检查方法

蓄电池在不使用的情况下，电量逐渐下降的现象称为自行放电。正常情况下，蓄电池每天会消耗自身电量的1%～2%，如果超过此数值，为不正常放电。

2. 原因分析

（1）蓄电池盖上遗留有电解液或水，使正、负极形成通路而放电。
（2）活性物质发生脱落，使极板短路。
（3）隔板发生破裂，造成局部短路。
（4）极板材料或电解液中含有杂质，使蓄电池放电。
（5）长期存放，电解液中硫酸下沉，使上部比重小、下部比重大，引起自行放电。

3. 预防措施

（1）保持蓄电池上盖清洁。
（2）保证电解液的纯度。
（3）蓄电池在存放过程中应经常充电，使电解液密度保持均匀。
（4）冲洗蓄电池外表时，应预防污水从加液口或通气孔进入蓄电池内部。
（5）隔板、极板损坏时应及时修复或更换。
（6）更换电解液时，一定要将蓄电池内的残液清除干净。

九、蓄电池组出现"不均衡"

1. 原因分析

串联蓄电池组在使用过程中总会有"落后"蓄电池存在，原因是多种多样的，有生产原因，也有原材料和使用的原因。

2. 维修方法

首先将蓄电池进行一般性的维护充电，然后用2h率将蓄电池放电，对照表6-2，在放电过程中不断测量蓄电池的电压，将放电容量不足的"落后"蓄电池选出来用蓄电池修复仪修复，并将修复后的蓄电池进行重新配组。

十、蓄电池内部短路

1. 故障现象

（1）大电流放电时，端电压迅速下降为零。
（2）充电末期冒气少或不产生气泡。
（3）充电时电解液温度上升迅速，密度上升缓慢。
（4）开路电压低，闭路电压（放电）很快到达终止电压。
（5）自行放电严重。
（6）开路时，电解液密度很低，在低温环境中电解液会出现结冰现象。
（7）充电时，电压上升很慢，始终保持低值（有时降为零）。
（8）充电时，电解液温度上升很慢或几乎无变化。

2. 原因分析

（1）隔板位置不对，使正、负极板相连。

（2）电解液不足，使极板活性物质穿过，致使正、负极板虚接或直接接触。

（3）蓄电池内落入导电物体，造成正、负极板相连。

（4）正极板活性物质膨胀脱落。因脱落的活性物质沉积过多，致使正、负极下部边缘或侧面边缘与沉积物相互接触而造成正、负极板相连。

（5）焊接极群时形成的"铅流"未清理干净，或者装配时有"铅豆"在正、负极板间存在，在充放电过程中损坏隔板，造成正、负极板相连。

3. 维修方法

短路的蓄电池是物理损坏，不能修复，一般需更换新蓄电池。

十一、蓄电池断格

蓄电池断格后，单个蓄电池开路电压低于10.5V，故障原因是在骑行电动自行车时，因蓄电池震动造成蓄电池断格。断格的蓄电池属于物理损坏，不能用修复仪修复。如果发生断格现象，一般需更换新蓄电池。

十二、蓄电池极柱损坏

1. 原因分析

蓄电池漏液或物理损伤造成蓄电池极柱断裂。

2. 维修方法

先用电烙铁把损坏断裂极柱附近的蓄电池外壳向下烫去一部分，露出极柱，如图6-21所示；然后把蓄电池连线焊好。如果不方便焊接，可对蓄电池极柱进行打磨，如图6-22所示。

图6-21 极柱的维修

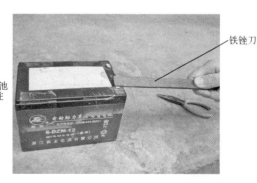

图6-22 打磨极柱

十三、蓄电池电解液烧干

1. 原因分析

（1）蓄电池故障引起蓄电池电解液烧干

当蓄电池与外部电路连接放电时，蓄电池正极板的过氧化铅和负极板的铅（Pb）与电解液中的硫酸发生反应，逐渐生成硫酸铅和水。当蓄电池处于充电状态时，正极板和负极

板的活性物质 $PbSO_4$ 通过氧化还原反应，在正极板又氧化成过氧化铅，在负极板还原为铅（Pb），电解液恢复为硫酸状态。充电到最后时，开始有气泡产生，这是电解液中的水被电解的缘故。由蓄电池的电解液消耗特性可知，当电解液减少20%时，蓄电池的电压就不能使电动机正常工作。蓄电池在正常充电的情况下根本不用考虑为其补充电解液。另外，蓄电池的极板毛刺或蓄电池泥沉淀等造成蓄电池极板短路，以及所选用的蓄电池容量比整车所要求的蓄电池容量偏小，蓄电池的极板硫化，这些都会使蓄电池过早出现气泡现象，加速蓄电池电解液的烧干。

（2）充电器故障引起蓄电池电解液烧干

当充电器出现故障，使输出电压高出设计规定电压时，在蓄电池充电完毕后，这一高电压仍然会对蓄电池产生一个较大的充电电流。这时的电能几乎全部浪费在水的电解上。如果过充电电流引起电解液沸腾，产生大量酸雾，就会加速烧干蓄电池电解液。

2. 维修方法

（1）用万用表和蓄电池容量表检查蓄电池电压及容量，如果蓄电池容量不正常，则需补加电解液并用蓄电池修复仪修复。

（2）用万用表的电压挡检查发现充电器输出电压高于44V，应更换充电器或维修，并补加电解液后用蓄电池修复仪修复。

十四、蓄电池电解液发黑

1. 故障原因

蓄电池正极板活性物质膨胀脱落，使电解液发黑。

2. 维修方法

如果是轻度发黑，则可在蓄电池修复时把发黑的电解液吸出，加入新的电解液，反复几次即可。如果电解液发黑严重，表明蓄电池正极板脱粉严重，极板已经软化，蓄电池修好的可能性不大。

十五、蓄电池极板硫化

1. 故障现象

蓄电池极板硫化是指蓄电池负极板上产生一层导电不良、白色坚硬的硫酸铅结晶，充电时又非常难于转化为活性物质的硫酸铅。这种现象被称为硫酸盐化，简称硫化。这种现象通常发生在负极，被称为不可逆硫酸盐化。硫化的蓄电池最明显的特征是蓄电池容量下降，内阻增加。蓄电池极板硫化如图6-23所示。

2. 故障特征

（1）蓄电池容量降低，表现为充电时间减短，又很快把电放完。

（2）电解液密度低于正常值。

（3）开始充电和充电完毕时蓄电池端电压过低。

（4）充电时过早产生气泡或开始充电就产生气泡。

（5）充电时电解液温度上升较快。

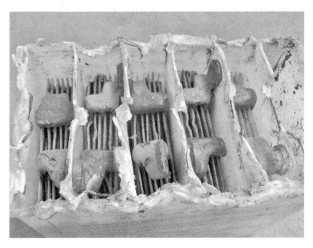

图 6-23 蓄电池极板硫化

3. 原因分析

（1）新蓄电池初始充电不足。

（2）已放电或半放电状态放置时间过久，自放电率高。

（3）长期充电不足，长时间处于欠充电状态。

（4）经常过量放电。

（5）电解液干涸或加入的电解液密度过高。

（6）电解液液面过低，致使极板上部露出液面。

（7）放电后未对其充电。

（8）放电电流过大。

（9）电解液不纯。

（10）内部短路造成局部漏电。

4. 维修方法

蓄电池产生不可逆硫酸盐化时，应及时发现故障并查找原因，尽快采取有效措施进行排除，目前大多用蓄电池修复仪进行脉冲修复除硫，如图 6-24 所示。

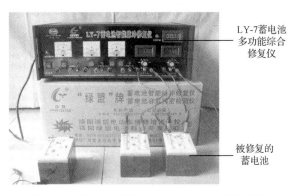

图 6-24 用 LY-7 蓄电池多功能综合修复仪除硫

第七章 Chapter 7

铅酸蓄电池脉冲修复技术

阅读提示

本章首先介绍铅酸蓄电池修复概况和蓄电池修复常用方法,然后介绍蓄电池脉冲修复原理、蓄电池修复仪使用方法及蓄电池修复方法。通过阅读本章,读者能掌握蓄电池修复原理、蓄电池修复仪器使用方法和蓄电池修复技术。

第一节 铅酸蓄电池修复概述

一、铅酸蓄电池报废的原因

经常骑电动自行车的人都知道,过充电、欠充电和过放电都是经常发生的现象,都会导致蓄电池缺液而发生硫化。从事维修和经销电动自行车的业内人士也都知道,电动自行车跑不远的原因是因为蓄电池组不平衡。也就是说,蓄电池组中的三块蓄电池中至少应该有两块是好的,另一块可能坏了。但是,两块好的蓄电池也存在放电时间过短的问题,也就是说存在硫化现象。如果不修复,报废的就是三块蓄电池;如果修复,至少可以重新修好两块蓄电池。所有极板软化、断格的蓄电池都是因为长期硫化而导致的,如果能够及时修复,蓄电池的提前报废是可以避免的。

正常蓄电池在放电后,正、负极板上的活性物质大都变为松软的硫酸铅小结晶体,均匀地分布在极板上。在充电时容易恢复成原来的二氧化铅和海绵状铅,这是正常硫化。随着使用时间的增加,蓄电池经过多次充电和放电,极板上将在硫酸铅的溶解、重结晶作用下,生成一种粗大、难于充电的硫酸铅结晶,此现象称为不可逆硫酸盐化。此外,由于蓄电池使用不当,长期充电不足或蓄电池处于半放电状态、过量放电或放电后不及时充电、内部短路、电解液密度过高、温度高、液面低使极板外露等都可能导致硫酸盐化,在极板上由于重结晶作用形成粗大的硫酸铅结晶。这种结晶导电性差、体积大,会堵塞极板的微孔,妨碍电解液的渗透,增大了电阻,在充电时不易还原,成为不可逆硫酸铅,使极板中参加电化学反应的活性物质减少。因此,蓄电池容量大大降低,以致失效报废。只要是正规厂家按国家标准生产的蓄电池,在设计使用寿命之内,处于正常维护状态的报废蓄电池,大多数是因硫化原因造成的。

二、蓄电池的硫酸盐化

一般蓄电池使用一年以后会造成蓄电池硫化。

1. 故障现象

蓄电池负极板上产生一层导电不良、白色坚硬的硫酸铅结晶,充电时又非常难于转化为活性物质的硫酸铅,硫化的蓄电池最明显的特征是蓄电池容量下降,内阻增加。

2. 产生硫化的原因

生成这种硫酸铅的原因是过放电或放电后长期放置时,硫酸铅微粒在电解液中溶解,呈饱和状态。这些硫酸铅在温度低时重新结晶,析出的粒子因温度变化而生长、发展,使结晶粒增大。这种硫酸铅的导电性不良、电阻大,溶解度和溶解速度又很小,充电时恢复困难,因而成为蓄电池容量降低和寿命缩短的原因。

防止负极不可逆硫酸盐化最简单的方法是及时充电、不要过放电和严禁大电流放电。

3. 蓄电池硫化的危害

(1) 蓄电池的硫化消耗了活性物质,使蓄电池的有效容量降低,长期下去会导致蓄电池报废。

(2) 硫化的极板不仅在充电时难以恢复,而且容易堵塞极板微孔,妨碍电解液通过,增加内阻。

(3) 充、放电时发热更多,使蓄电池温度升高,加大了极板的腐蚀与变形,使活性物质脱落,导致蓄电池报废。

(4) 使充电器效率下降,充电时间延长,造成时间及能源的浪费。

(5) 导致更严重的电解水缺失现象,蓄电池容易失水干涸。

(6) 由于消耗了硫酸,导致电解液密度下降,大电流放电能力下降,蓄电池性能下降。

(7) 由于容量下降,输出效率不足,为保持一定的输出就只能加大放电深度,会造成硫酸盐化更加严重,形成恶性循环。

(8) 硫酸盐化使蓄电池组中蓄电池性能不一致。存在差异过大的落后蓄电池表现为蓄电池组中某一块蓄电池的容量明显低于其他蓄电池,造成整个蓄电池组电压下降。充电时落后蓄电池因最先充满,而其余蓄电池仍需充电而形成过充电,放电时该落后蓄电池因最先被放空而形成过放电,从而导致硫酸盐化进一步加剧,使得落后程度更加严重,形成恶性循环。

轻微的蓄电池硫化,会降低蓄电池的容量,蓄电池内阻增加;严重时则使蓄电池失效,充不进电。轻微的蓄电池硫化,尚可用一些方法使它恢复,严重时采用一般的充电方法不能够恢复蓄电池容量。

三、废旧铅酸蓄电池的修复

1. 废旧铅酸蓄电池的修复史

自 1859 年普兰特发明铅酸蓄电池以来,经过科研人员坚持不懈的努力,性能不断提高。铅酸蓄电池以性能优良、价格低廉牢牢占据着二次电池的大半壁江山,是世界上产量最大、使用范围最广的一种化学电源。蓄电池的致命弱点是寿命短,虽然设计寿命是 4~10 年,但因其自身的特点致使寿命一般为 1~2 年,给使用者造成不必要的经济损失,同时增加了资源的浪费和环境污染。多年来，国内外科研工作者和蓄电池生产厂家为此进行了不懈的努力和探索，创造了不少的行之有效的修复方法，以延长电池的使用寿命。目前蓄电池修复技术已经经历了几代，技术越来越完善。

处理蓄电池硫化是一件比较困难和复杂的工作，以往根据硫化程度的不同，有以下三种处理方法：一是水疗法；二是反复充电法；三是大电压电流法。这些方法不但所需时间长，而且效果并不十分理想。随着技术的不断进步，一种新型的去硫技术——高频复合脉冲蓄电池修复法可以有效、迅速地解决这一问题。

（1）第一代水疗法

① 加纯水。

蓄电池诞生很长一个时期内，人们使用电池时都是任其"自生自灭"，耗尽自身电解液的同时蓄电池报废。后来，人们发现加水可以延长其寿命，在电解液减少的时候加入一定量的纯水，可以多使用一段时间，但不能解决极板的硫化问题。严格来说，这种方法不能称为蓄电池修复方法。

② 硫酸加蒸馏水合成的液体。

当蓄电池使用到一定程度后，造成比重下降，用硫酸加蒸馏水合成的液体调整比重，短时间内可以有一定效果，但不能从根本上解决问题。此法可以称为第一代蓄电池修复法。

（2）第二代反复充电法

反复充电法的修复功能有所增强，用在正在使用的或接近报废的蓄电池中修复效果有了一定的提高，但对报废的启动型蓄电池和行驶里程缩短的电动自行车蓄电池效果有限。

（3）第三代大电压电流法

从固体物理上来讲，任何绝缘层在足够高的电压下都可以被击穿。大电流、高电压充电的方法可以实现去除硫化。但实践中发现，此法虽然可以提升蓄电池的容量，但由于大电流、高电压充电会对蓄电池极板造成损伤，反而缩短了蓄电池的寿命。

（4）第四代电子脉冲修复法

利用电子脉冲对蓄电池进行修复可以去除硫化，通常可对蓄电池进行日常维护，以达到延长蓄电池使用寿命的目的。

（5）第五代化学和物理相结合的方法

① 化学方法：通过添加化学添加剂（修复剂类产品），将电解液逆向反应，还原其电量。

② 物理方法：增加电子设备，通过设备发出电子脉冲波，连续清除极板上的硫酸结晶物，并有效防止新的硫化结晶物的产生。此法是近年来出现的新式修复方法，可称为第五代电池修复法。不过，修复仪的瞬间脉冲电流应达到一定峰值，否则修复效果会受到一定影响。

此外，还有人工修复法，修复中需对出现短路、断路的报废极板进行更换和焊接。此法需要专业设备，设备售价较高，一般个体维修人员由于条件所限没法办到，给修复带来难度，并且短路、断路情况的蓄电池也不多见。

2. 铅酸蓄电池修复的现状

目前，大多电动自行车采用铅酸蓄电池，其性能和质量是整车性能的关键。因为蓄电池的寿命问题，使每个电动自行车用户每年在蓄电池上的支出就高达 500 元以上，不仅给用户造成了巨大的经济压力，也对环境保护产生了很大的影响。提高蓄电池的寿命、减少费用支出、改进蓄电池的使用性能等问题是广大用户和电动自行车经销商共同关注的问题。

世界各国都在努力探索延长铅酸蓄电池寿命的方法。美国人麦斯提出的蓄电池脉冲充电理论为脉冲充电、快速充电奠定了基础。脉冲充电的间歇短暂放电可以去极化，增强极板接受能力，降低充电温度。目前，铅酸蓄电池脉冲修复技术已得到世界公认。

蓄电池的修复是指通过脉冲修复仪对硫化而报废的蓄电池进行维护，提高蓄电池的工作状态，延长使用寿命，达到继续使用的目的。实践证明，蓄电池的脉冲修复是行之有效的方法。

编者所在的洛阳市绿盟电动车维修培训学校经多年科研攻关，研制成功的"绿盟"牌LY系列铅酸蓄电池智能脉冲维修仪，用于修复"休克蓄电池"和"疲劳蓄电池"效果显著，属专利产品。该系列产品采用最先进的变频正、负脉冲蓄电池修复技术，在充、放电的同时不断发出变频脉冲，与蓄电池中的硫酸铅结晶体发生共振，从而使硫酸铅晶体还原成硫酸根离子和铅离子，使之能正常参与化学反应，从而恢复蓄电池容量，降低蓄电池内阻。同时，该产品对蓄电池极板没有任何损伤，是一种无损伤修复铅酸蓄电池硫化的高科技产品。

3. 铅酸蓄电池脉冲修复原理

脉冲是指电子电路中的电平状态突变，既可以是突然升高（脉冲的上升沿），也可以是突然降低（脉冲的下降沿）。一般脉冲在电平突变后，会在很短的时间内恢复原来的电平状态。它可以是周期性重复的，也可以是非周期性的或单次的。

脉冲就是电压或电流的波形，像心电图上的脉搏跳动的波形，脉冲有干扰脉冲和信号脉冲两种。

脉冲信号的波形在某一时间内有突发性和断续性的特点，几种理想的脉冲信号波形有方波、矩形波、三角波和锯齿波等，如图7-1所示。脉冲技术在电子技术中起着非常重要的作用，广泛应用于电子计算机、通信、雷达、电视、自动控制、遥控遥测、无线电导航和测量技术等领域。

在铅酸蓄电池修复行业中，目前修复效果较好的是采用正、负脉冲波的铅酸蓄电池修复仪，具有修复时间短，去除极板内部、深层各处的硫化现象效果好等特点。

澳大利亚ABT电源公司赵铁良先生对脉冲修复的原理进行了系统的论述。按照原子物理学和固定物理学的原理，硫离子具有五个不同的能级状态，通常处于亚稳定能级状态的离子趋向于

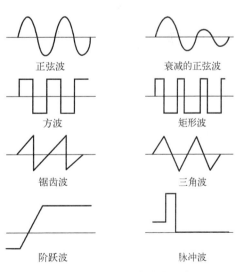

图7-1 常见的几种脉冲信号波形

迁移到最稳定的共键能级。在最低能级（共价键能级状态），硫以包含8个原子的环形分子形式存在，是一种稳定的组合，难以被打碎，形成蓄电池的不可逆硫酸盐化——硫化。

多次发生这样的情况，就形成了一层类似与绝缘层一样的硫酸铅结晶。要打破这些硫

酸盐层的束缚，就要提升原子的能级到一定的程度。这时，原子外层的电子被激活到下一个更高的能带，使原子之间解除束缚。每一个特定的能级都有唯一的谐振频率，必须提供相应的能量，才能够使得被激活的原子迁移到更高的能级状态，太低的能量无法达到跃迁所需要的能量要求。但是，过高的能量会使已经脱离了束缚而跃迁的原子处于不稳定状态，又回落到原来的能级。这样，必须通过多次谐振，使其脱离束缚，达到最活跃的能级状态而又不回落到原来的能级，进而转化为溶解于电解液的自由离子，而参与电化学反应。

蓄电池析气量与充电电流和充电时间有关，如果脉冲宽度足够短，占空比足够大，就可以在保证击穿粗大硫酸铅结晶的条件下，同时使发生的微充电来不及形成析气，这样便实现了脉冲消除硫化。

4. 铅酸蓄电池脉冲修复仪的优越性

铅酸蓄电池脉冲修复仪是采用电子脉冲技术，对因极板上产生硫酸铅结晶盐化而休克、疲劳、过早失效的铅酸蓄电池进行快速修复和日常维护的高科技产品。它是用物理和电子的方法连续地清除蓄电池极板上的结晶硫化物，并有效地防止新的结晶硫化物产生，使蓄电池极板始终呈现全新和高效的工作状态，恢复和保证蓄电池稳定的容量输出，提高蓄电池的工作效率，从根本上改善铅酸蓄电池的工作性能，大大延长蓄电池寿命，节约资金和能源。这种修复方式需要的能源很少，可以产生快速的脉冲，脉冲电流相对比较大。对于没有硫化的蓄电池，它可以抑制蓄电池的硫化。

铅酸蓄电池脉冲修复仪的技术关键在于合理地设置电子脉冲技术参数，使得该修复仪产生的脉冲能够有效地清除蓄电池极板上的结晶硫化物，并且能够有效地阻止结晶硫化物在蓄电池极板上生成，从而使蓄电池极板始终保持足够的活性物质参与电化学反应，呈现高效工作状态。

第二节　铅酸蓄电池检测和修复仪器

本节以洛阳市绿盟电动车维修培训学校研制的 LY 系列蓄电池容量精密测试仪及脉冲修复仪为例加以说明。

一、"绿盟"牌 LY-5 蓄电池容量精密测试仪

LY-5 蓄电池容量精密测试仪采用精密电子电路，可同时对 12V 四个蓄电池进行 5A、7A、8.5A、10A 恒流放电测试，精确度高，安全可靠，使用方便。例如，用户对新出厂 12V/10A 蓄电池进行 5A 检测，正常可放电 120min 左右，用户可对比判断蓄电池容量。

LY-5 蓄电池容量精密测试仪如图 7-2 所示。

1. 技术参数

- 输入电压：220V（±10%），50Hz。
- 测试蓄电池电压：12V（单个电池）。

图 7-2　LY-5 蓄电池容量精密测试仪

- 测试蓄电池容量：10～24A·h。
- 放电电流设定：5A、7A、8.5A、10A。
- 电压显示：00.00～99.99V。
- 电压显示精度：±0.1V。
- 放电截止电压：10.5V（±0.1）。
- 外形尺寸：570mm×400mm×200mm。
- 机箱交流熔断器：220V/3A。

2. 使用说明

LY-5 蓄电池容量精密测试仪工作图如图 7-3 所示。

图 7-3　LY-5 蓄电池容量精密测试仪工作图

（1）插上 220V 电源，打开电源开关，红色"电源指示灯"被点亮。这时，四路数字电压表同时被点亮，分别显示"00.00"或"-00.00"。

（2）把仪器附件中所带的输出连接线的一端与仪器输出端子连接好，红线（正极）接仪器上红色端子，蓝（黑）线（负极）接仪器上黑色端子（注意正负极不可接反）；另一端与需要检测的单个 12V 蓄电池连接好，红线接蓄电池的正极，蓝（黑）线接蓄电池的负极。

技术指导

所检测蓄电池电压必须与仪器的额定电压一致，并且仪器连线与蓄电池的正、负极接线应正确；否则，蓄电池容量测试仪无法正常工作并导致电路损坏。

（3）转动放电波段调节开关，选择放电电流数值。12V/（10～12）A·h 蓄电池选 5A；12V/14A·h 蓄电池选 7A；12V/17A·h 电池选 8.5A；12V/20A·h 蓄电池选 10A。

（4）蓄电池放电截止电压为 10.5V（±0.1V）。当被检测的蓄电池电压下降到 10.5V 时，报警器发出报警，记录放电时间后，蓄电池检测即可终止（如果用户关闭报警开关，仍可继续放电）。

（5）放电完毕后，务必先转动放电调节开关到"关"位置，再拔下蓄电池一端连线，关闭电源，最后拔下电源插头。

3. 蓄电池容量计算公式

放电时间×放电电流=蓄电池容量。如果蓄电池外壳标称容量为 10A·h，放电 2h，放电电流设定为 5A，那么检测的容量为 2×5=10A·h（安时）。

4. 注意事项

（1）本仪器为精密电子仪器，要放置在通风良好的桌面上使用。

（2）蓄电池在检测过程中会放出热量，因此仪器的后面板要距离墙壁不少于 20cm。仪器侧面的散热孔不能被堵住，以免影响通风散热，造成仪器损坏。

（3）仪器使用时先打开电源总开关，待蓄电池夹好后，再打开放电开关。仪器不用时，应先关闭放电开关，再关闭电源总开关，严禁带电插拔蓄电池连线，以免造成机器损坏。

（4）使用时应严格按说明操作，严禁正、负极接反，严禁多个蓄电池串联使用。

二、"绿盟"牌 LY-6 五合一蓄电池智能脉冲修复仪

LY-6 五合一蓄电池智能脉冲修复仪如图 7-4 所示。

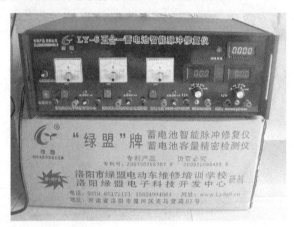

图 7-4　LY-6 五合一蓄电池智能脉冲修复仪

1. 准备工作

（1）准备铅酸蓄电池专用修复剂和铅酸蓄电池补充电解液。

（2）准备工具：螺丝刀、万能胶、吸管（可用一次性针管去掉针头代替，吸管直径要适合）。

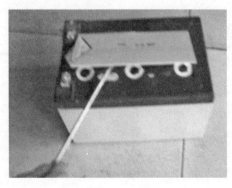

图 7-5　开盖

（3）开盖，如图 7-5 所示。蓄电池的盖板一般有三种结构：用万能胶黏结（电动自行车蓄电池）；推拉式（电动自行车蓄电池）；螺旋盖塑料帽（汽车蓄电池）。如果盖板是胶粘的，则用螺丝刀等顺着排气孔撬蓄电池上方的盖板；如果是推拉式的，则需向一侧用力拉方可打开盖板。注意：开盖时不要损坏盖板。

（4）开排气阀，如图 7-6 所示。打开上盖后，看到橡胶帽和填充物，用镊子把它们取出并保管好。打开橡胶帽时要防止电解液外溢。打开

后露出排气孔，通过排气孔可以看到蓄电池内部。

（5）加液，如图7-7所示。用针管吸入蓄电池修复剂并由排气孔注入。10A·h蓄电池每孔加入5mL修复剂，胶体蓄电池和大容量蓄电池每孔加入7mL修复剂。如果加入后电解液不满，再加入补充电解液，观察排气孔内部的电解液，应该有流动电解液；否则，继续补充电解液。

图7-6 开排气阀

图7-7 加液

2. 修复过程

（1）把加好液的蓄电池夹上蓄电池容量测试仪正、负端子进行放电检测，每个蓄电池放电到10.5V时做好时间记录，然后继续放电到3V左右。注意：深放电只可进行一次。

（2）经过放电后的蓄电池，根据时间多少分别进行配组，时间接近、电压电流接近的配成一组，三个或四个蓄电池的容量差越小越好。

（3）将需要修复的蓄电池连接好，接入LY-6五合一智能脉冲修复仪相应的修复端子，正、负极不可接反。确认无误后，先打开电源开关，再打开修复开关。观察修复电流，修复时间可根据蓄电池容量选择10～15h。在整个修复过程中注入蓄电池的水一定要保持在富液状态。蓄电池初次修复工作结束后，应静置1h。LY-6五合一智能脉冲修复仪工作图如图7-8所示。

3. 检测封口

（1）初次修复充电结束后，检查蓄电池表面是否有电解液。如果没有，应该补充电解液。检查后，进行放电测试，每个蓄电池放到10.5V为止，如果个别蓄电池电压偏低，应关闭此路，等其他蓄电池放电降至电压相同后，再次重复进行修复充电。一般通过三充两放基本可达到相同容量。

图7-8 LY-6五合一智能脉冲修复仪工作图

（2）整组蓄电池中个别容量较差的可挑选出来与其他组中的蓄电池进行配组修复，也可单个修复。

（3）将修复好的蓄电池放置1h。把蓄电池翻转180°倒出多余的电解液，盖上排气阀并检查是否完好。如果排气阀损坏，则应更换。盖上蓄电池盖板，如果是胶粘的，则应该涂胶、黏结。封口如图7-9所示。

图7-9 封口

（4）修复好的蓄电池应进行放电检测，每个蓄电池终止电压为10.5V，如果放电时间超过100min，证明被修复蓄电池容量已达85%以上，可以交付使用。

4. 注意事项

（1）修复仪与被保养的蓄电池额定电压必须一致。

（2）修复仪的工作电源电压为220V，频率为50Hz。使用中应当注意不能接触蓄电池酸液，以免引起酸液渗漏、腐蚀，造成危险。如果不慎身上溅上电解液，应立即用清水冲洗。

（3）电解液应加蓄电池补充液或蒸馏水，切忌加自来水或含有重金属离子的水。

（4）修复期间严格记录蓄电池的初始状态和修复效果，并存档保留。

（5）仪器使用完毕后，应先关闭修复开关，再关闭电源开关并拔下电源插头。使用时应严格按操作说明进行，严禁正、负极接反。

（6）本仪器为精密电子仪器，应放置在通风良好的桌面上使用。蓄电池在检测过程中会放出热量，仪器的后面板要距离墙壁不少于20cm。仪器侧面的散热孔不能被堵住，以免影响通风散热，造成仪器损坏。

三、"绿盟"牌LY-7蓄电池智能脉冲修复仪

LY-7蓄电池智能脉冲修复仪如图7-10所示。

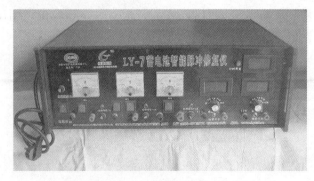

图7-10 LY-7蓄电池智能脉冲修复仪

1. 汽车、三轮车大容量蓄电池的修复方法

LY-7 蓄电池智能脉冲修复仪工作图如图 7-11 所示。

图 7-11　LY-7 蓄电池智能脉冲修复仪工作图

（1）询问用户蓄电池的使用情况，是存放以后不能充电，还是使用中出现故障。两种现象修复后会有不同的结果。存放时间长、未能及时补电造成的硫化，修复后效果好。使用中出现故障，应检查使用年限、电解液液面和电解液颜色，以此推断蓄电池修复后能使用多久。这些都需要积累经验，平时要注意留心观察。

（2）检查蓄电池电压，用容量表测试电流，做好记录。

（3）倒掉蓄电池内的电解液。如果发现有轻微脱粉，可用蒸馏水清洗后注入修复剂和补充电解液到覆盖极板 2mm 后，立即将蓄电池在测试仪上放电至 3V 左右（深放电只可进行一次）。

（4）将四个电池串联接入 1 路修复接线柱。

（5）修复时间 $t = \dfrac{蓄电池容量}{修复电流值} \times 1.3$（系数），如 100A·h 容量蓄电池的修复时间 $t = \dfrac{100A·h}{8A} \times 1.3 = 16.25h$。

（6）第一次修复后，电压应为 13V 左右，应有一定裕容量。用比重计测每一格比重，正常充满时比重为 1.28g/L，越高越好。比重应该相近，误差太大时，可延长修复时间，到相近为止。电压过低可能发生断格，无法修复，应做报废处理。

（7）放电检测。对 A、B 两路放电，可对单个 12V 蓄电池放电检测容量。单个 12V 蓄电池接入 A 路或 B 路接线柱放电，正、负极不可接反。蓄电池接好后，再打开放电电流选择开关，选择合适的放电电流，如 10A·h 蓄电池选 5A 放电，新蓄电池应为 2h，可对比判断），仪表显示时间、电压，放电终止电压为 10.5V，记录放电时间，关机。

（8）补充电解液，再重复修复一次，测量电压为 13V 左右，比重为 1.26~1.28g/L，越高越好。

（9）大电池容量达到原标称容量 75% 以上就可交付使用。

2. 电动自行车蓄电池修复方法

（1）将蓄电池盖打开，注入补充电解液到覆盖极板 2mm 后，立即将蓄电池在测试仪上放电至 3V 左右（深放电只可进行一次）。

（2）将蓄电池串联后接入 2 路接线柱进行修复，修复时间为 10h 左右。具体修复时间可按蓄电池修复电流与时间换算方法计算。整个修复过程中注入的电解液要保持富液状态。

（3）放电检测。单个蓄电池接入 A 路或 B 路放电，选择放电电流为 5A，打开放电开关，观察仪表电压显示，放电到 10.5V 为止，记录放电时间。当被修复蓄电池放电超过 100min 时，可封盖交付使用。对个别容量差的蓄电池，可补充电解液再次修复，一般经过两充两放均可修复蓄电池。

四、"绿盟"牌 LY-8 蓄电池智能脉冲修复仪

LY-8 蓄电池智能脉冲修复仪如图 7-12 所示。

图 7-12 LY-8 蓄电池智能脉冲修复仪

1. 适用范围

主要适于 12V/(10～24)A·h 蓄电池的修复，可修复报废、寿命将近终止的蓄电池，清除不可逆硫酸盐化，延长蓄电池使用寿命，提高蓄电池的容量。

2. 修复过程

打开需要修复蓄电池的上盖，加入电解液至富液状态。接入相应的修复端子，正、负极不可接反。确认无误后，先打开电源开关，再打开修复开关。观察修复电流，修复时间为 8～15h。在整个修复过程中注入蓄电池的水一定要保持在富液状态。蓄电池初次修复工作结束，应静置 1h。

3. 检查

（1）初次修复充电结束后，检查蓄电池表面是否有电解液。如果没有，应该补充电解液。放电测试容量，每个蓄电池放电到 10.5V 为止。如果个别蓄电池电压偏低，应关闭此路，等其他蓄电池放电降至电压相同后，再次重复修复充电，通过三充两放基本可达到相同容量。

（2）盖上排气阀并检查是否完好。如果排气阀损坏，则应更换。盖上蓄电池盖板。如果是胶粘的，应该涂胶并粘好盖板。

（3）修复好的蓄电池应放电检测，每个蓄电池的终止电压为 10.5V，如果放电时间超

过100min，证明被修蓄电池容量已达85%以上，可以交付使用。

五、"绿盟"牌 LY-9 多功能蓄电池检测修复组合柜

LY-9 多功能蓄电池检测修复组合柜如图 7-13 所示。LY-9 多功能蓄电池检测修复组合柜工作图如图 7-14 所示。

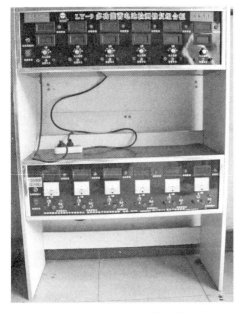

图 7-13 LY-9 多功能蓄电池检测修复组合柜

图 7-14 LY-9 多功能蓄电池检测修复组合柜工作图

1. 技术参数

（1）交流输入电压为 220(1±10%)V，频率为 50Hz。

（2）整机工作效率≥95%。

（3）冷却方式：多通道对流风冷结构。

（4）外形尺寸：1200mm×350mm×900mm。

（5）交流熔断器：220V/3A；防反接保护熔断器：220V/5A。

（6）输入、输出双回路保护。数码显示充电时间，稳定性好，显示清晰，精度高。

2. 使用效果

LY-9 定时式蓄电池检测修复组合柜智能控制产生的正、负脉冲波，只需 1～3 天（具体时间取决于蓄电池容量和硫化程度）便可清除蓄电池极板硫化物，修复率可达 95%以上。它同时可对四个 12V 蓄电池进行精密恒流放电检测。该机修复、放电均采用单个 12V 蓄电池，精确度高，修复效果好，功能完善。该设备从蓄电池的维护原理入手，从根本上解决了蓄电池的硫酸盐化，延长蓄电池的使用寿命，是蓄电池修复行业的理想配套设备。

3. 适用范围

蓄电池检测修复组合柜是专为蓄电池生产厂家和蓄电池修复店生产的一款综合柜机，适合中型蓄电池修复店使用，主要适于修复 200A·h 的铅酸蓄电池。该设备可以对报废、寿命即将终止的蓄电池进行修复，可以清除不可逆硫酸盐化，延长蓄电池寿命。

4. 工作原理

蓄电池检测修复组合柜采用高频电子扫频正、负脉冲和微充电电流，不间断地发出特定频率、特定波形的电脉冲波，用以清除极板上的硫化物结晶，并防止新的硫化物结晶产生。微充电电流用以补偿蓄电池自放电损耗。电脉冲波能够使硫酸结晶体转化为细小晶体，使其能够正常地参与充、放电的电化学反应，彻底地解决了蓄电池的不可逆硫酸盐化问题。

5. 性能指标

（1）第一层检测系统：6路放电检测，可对6个12V蓄电池同时进行检测，放电电流可按恒流5A、7A、8.5A、10A任意设定。放电终止电压为10.5V时自动报警，并采用电子计时。

（2）第二层蓄电池修复：左起1路、2路各设两路开关，一个开时修复电流为3A，2个开时修复电流为6A，可对额定电压48V、100A·h以下的蓄电池进行修复。左起3、4、5路额定电压为48V，修复电流为1.8A，可对24A·h以下的蓄电池进行修复。左起6路额定电压为48V，修复电流为10A，可对200A·h以下的蓄电池进行修复。修复时间按电池容量和修复电流定时设置，到时自停。

六、"绿盟"牌LY-10蓄电池检测修复组合系统

LY-10蓄电池检测修复组合系统如图7-15所示。

LY-10蓄电池检测修复组合系统工作图图7-16所示。

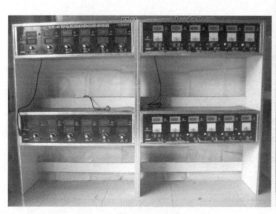

图7-15 LY-10蓄电池检测修复组合系统

图7-16 LY-10蓄电池检测修复组合系统工作图

1. 技术参数

（1）交流输入电压为220(1±10%)V，频率为50Hz。

（2）整机工作效率：≥95%。

（3）外形尺寸：1200mm×350mm×900mm。

（4）冷却方式：多通道对流风冷结构。

（5）显示方式：数码显示时间、电压，显示清晰；自动计时，定时断电。

（6）输入、输出双回路保护，稳定性好。

（7）修复时间定时设置，到时自停。

2. 适用范围

蓄电池检测修复组合系统是专为蓄电池生产厂家、蓄电池、维修店、电动自行车经销商、电池经销商、售后服务单位生产的一款综合检测系统，是蓄电池维修行业的理想配套设备。

3. 性能指标

（1）A 型、B 型：检测系统

第一层可对 12 路单个 12V 蓄电池进行放电检测，放电电流可按恒流 5A、7A、8.5A、10A 任意设定，10.5V 报警，关闭报警开关仍可继续深放电。

（2）A 型：修复系统

第二层可对共 6 组蓄电池进行修复。

① 第 1、2 路修复电压为 48V，设两个开关，一个开关打开时修复脉冲电流为 3A，两个开关打开时修复脉冲电流为 6A，可对 48V/100A·h 以下蓄电池进行修复。反接保险为 10A。

② 第 3、4、5 路修复电压为 48V。修复脉冲电流为 2A，可对 48V/24A·h 以上蓄电池进行修复。反接保险为 5A。

③ 第 6 路修复电压为 48V，修复脉冲电流为 10A，可对 48V/200A·h 以上蓄电池进行修复。反接保险为 15A。大蓄电池修复前必须加入适量修复剂。

（3）B 型：修复系统

第二层可对共 6 组蓄电池进行修复。

① 第 1、2 路修复电压为 48V，设两个开关，一个开关打开时修复脉冲电流为 3A，两个开关打开时修复脉冲电流为 6A，可对 48V/100A·h 以下蓄电池进行修复。反接保险为 10A。

② 第 3、4 路修复电压为 48V，修复脉冲电流为 2A，可对 48V/24A·h 以上蓄电池进行修复。反接保险为 5A。

③ 第 5 路修复电压为 36V，修复脉冲电流为 2A，可对 36V/24A·h 以上蓄电池进行修复。反接保险为 5A。

④ 第 6 路修复电压为 36V，修复脉冲电流为 10A，可对 36V/200A·h 以上蓄电池进行修复。反接保险为 15A。大蓄电池修复前必须加入适量修复剂。

七、"绿盟"牌 LY-11 蓄电池放电仪

LY-11 蓄电池放电仪如图 7-17 所示。

该放电仪适于电动三轮车、汽车蓄电池的放电检测，可对 12V、24V、36V、48V 蓄电池进行放电，放电电流为 0～40A，无级可调，放电时间采用数码显示，精确度高，采用工业模块，带载能力强，性能稳定。

1. 使用方法

LY-11 蓄电池放电仪工作图如图 7-18 所示。

插上 220V 电源，电源指示灯点亮后，把待放电蓄电池接入红、黑接线柱，红线接蓄电池正极，黑线接蓄电池负极，注意正、负极不可接错。打开放电开关，缓慢旋转电流调

节旋钮，至需要的放电电流（如 12V/10A·h 蓄电池选 5A），计时表开始显示放电时间。12V 蓄电池放至 10.5V 为止，其他电池以此类推。

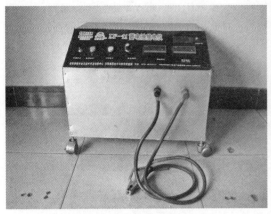

图 7-17　LY-11 蓄电池放电仪

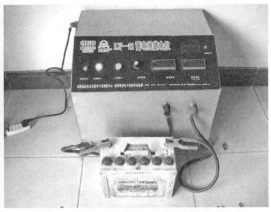

图 7-18　LY-11 蓄电池放电仪工作图

放电结束后，应先关闭放电开关，再取下待放电蓄电池线夹，最后拔掉交流电源线。

2. 注意事项

（1）设备使用完毕后，应先关闭放电开关，再关闭电源开关，并拔下电源插头。使用时应严格按操作说明进行，严禁正、负极接反。

（2）该设备为精密电子仪器，应放置在通风良好的地方。电池在检测过程中会放出热量，因此设备的后面板要距离墙壁不少于 20cm。设备侧面的散热孔不能被堵住，以免影响通风散热，造成仪器损坏。

第三节　铅酸蓄电池的修复技巧

一、修复前的准备工作

1. 设备和工具

准备需要使用的设备、工具和修复剂，包括 LY 系列蓄电池脉冲修复仪、一字螺丝刀、透明聚乙烯吸管（或一次性注射器，去掉针头）、蓄电池修复剂、蒸馏水或铅酸蓄电池补充液、万能胶或 502 胶。

2. 蓄电池检查

（1）查看蓄电池外观无变形、漏液、发热、漏电现象；电解液无明显浑浊且发黑等不良现象。

（2）用万用表和蓄电池容量表测电压、电流，蓄电池内部无短路、断格。检测蓄电池电压和电流示意图如图 7-19 所示。

蓄电池的变形、漏液、发热等可以通过肉眼看到，短路、开路可以使用万用表和容量测试仪检测，初始容量可以通过充、放电的办法得到一个较为准确的数字，只有电解液浑浊且发黑不易

图 7-19　检测蓄电池电压和电流示意图

检查。现在介绍一下检测电解液的操作步骤。

首先检查蓄电池的密封情况。确定蓄电池无漏液后，晃动蓄电池，使液体和极板充分接触，再用注射器将电解液吸出，看液体是否浑浊、发黑。若出现电解液变黑现象，则说明蓄电池极板已经软化脱粉。此时，该蓄电池应不具有修复的可能。若电解液颜色正常，则可以确定蓄电池容量下降的主要原因为极板硫化。这样的蓄电池可以使用铅酸蓄电池智能脉冲修复仪进行修复。

3. 什么样的蓄电池不能修复

（1）蓄电池外观鼓胀变形不能修复。

（2）蓄电池极板断格，没电压和电流的不能修复。

（3）短路的蓄电池不能修复，表现为蓄电池充不进电、无电流、显示高电压。

（4）蓄电池存放时间过长、失效的蓄电池不能修复，表现为蓄电池电压低、蓄电池底部积粉过多、电解液中有黑色杂质。

（5）出厂和使用时间在 3 年以上的蓄电池不能修复，这种蓄电池使用时间过长，蓄电池极板通常已损坏，电解液已发黑。

（6）杂牌蓄电池不能修复，原因是杂牌蓄电池极板质量不好。

二、初充电及其容量检测

初充电如图 7-20 所示。

首先把蓄电池用充电器充满。当充电器绿色指示灯亮时，说明蓄电池已经充满，应停止充电。切断充电器的电源开关，拔下充电器输出插头，使蓄电池静止 30min。然后对铅酸蓄电池的开路电压进行测量。

下面以 LY-5 蓄电池容量精密测试仪对 12V/10A·h 蓄电池检测为例，介绍容量检测的过程。

将红色鳄鱼夹接蓄电池正极，黑色鳄鱼夹接蓄电池负极。连接正确后，打开电源开关，仪器上数字电压表显示在线蓄电池电压。此时显示的为已连接蓄电池的空载电压。转动电流选择开关，放电检测电流选为 5A，开始放电检测，蓄电池电压开始下降。当放电到 10.5V（放电截止电压）时，报警器鸣响，记录放电时间，如图 7-21 所示。

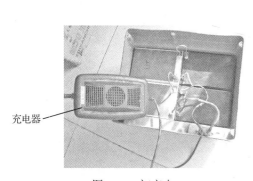

图 7-20　初充电

图 7-21　蓄电池容量检测

> **技术指导**
>
> 蓄电池容量计算公式：放电时间×放电电流=电池容量。例如，蓄电池外壳标称容量为 10A·h，放电 1h，放电电流设定为 5A，则被检测的蓄电池容量为标称容量的 10A·h 的 50%。

三、铅酸蓄电池的加液修复

（1）准备工作。所需工具包括一字螺丝刀、吸管（透明聚乙烯管，可以用一次性针管去掉针头代替，其直径要适合吸管或针管的吸口）、万能胶或 AB 胶、补充电解液等。各种工具如图 7-22 所示。

（2）顺着排气孔撬开铅酸蓄电池上方的盖板，如图 7-23 所示。一些铅酸蓄电池的盖板是用 AB 胶粘的；一些铅酸蓄电池的盖板是用搭扣连接的。注意：撬开盖板时，不要损坏盖板。这时，可以看到 6 个排气阀的橡胶帽。

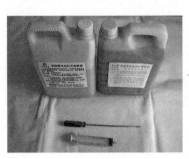
图 7-22　各种工具

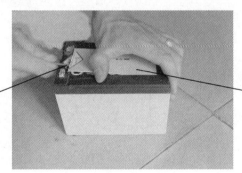
图 7-23　打开蓄电池盖板

（3）打开橡胶帽，露出排气孔，如图 7-24 所示。通过排气孔可以看到铅酸蓄电池内部。一些铅酸蓄电池的排气阀是可以旋开的；一些铅酸蓄电池的橡胶帽周围还有一些填充物，注意去掉填充物。

（4）用吸管吸取电解液并从排气孔注入，电解液要恰好覆盖极板 2mm，如图 7-25 所示。

图 7-24　打开橡胶帽

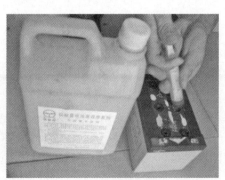
图 7-25　注入电解液

(5) 修复充电。在没有覆盖的条件下给标称电压为 12V 的铅酸蓄电池进行恒压脉冲充电。观察排气孔内部是否有流动的电解液（游离酸）。如果没有，要补充电解液。充电时，最好把铅酸蓄电池放在耐酸的容器内，防止溢出的电解液污染环境和腐蚀设备。

(6) 修复时间 $t=\dfrac{蓄电池容量}{修复电流值}\times 1.3$（系数），如 10A·h 容量蓄电池的修复时间 $t=\dfrac{10A·h}{1.8A}\times 1.3=8h$。

(7) 充电结束后，让蓄电池晾 1~2h，将蓄电池翻转 180° 倒出多余的电解液，如图 7-26 所示。

(8) 恢复。盖上排气阀以后，注意恢复填充物。如果打开了橡胶排气阀，发现有破损，最好更换。如果其性能良好，也可以不更换，但是一定要检查弹性；如果弹性不好，就必须更换排气阀。擦净蓄电池上盖，用万能胶粘好盖板，如图 7-27 所示。

图 7-26　倒出多余的电解液

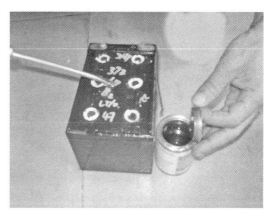

图 7-27　打胶封口

技术指导

凡是需要补液的铅酸蓄电池，在未经补水前，铅酸蓄电池工作在高硫酸比重状态下，或轻或重地存在着不同程度的硫酸盐化，因此在补液后，铅酸蓄电池都要进行脉冲除硫酸盐化。为铅酸蓄电池添加电解液或补水时注意以下几点：

（1）电解液高过极板 1.0~1.5mm 即可。对于有两条红线的，电解液不得超过上面的那条红线。电解液太满时会从铅酸蓄电池盖的小孔中溢出。因为电解液是导电的，一旦流到铅酸蓄电池的正、负极之间，就会形成自放电回路。遇此情况时就应将电解液擦掉，或者用清水冲洗干净。

（2）加电解液时，若有东西不慎掉入，千万不能用金属物去捞，应用木棒夹出杂质。如果用铁丝或铜丝去捞，金属分子会在硫酸的腐蚀下进入铅酸蓄电池内形成自放电，损坏铅酸蓄电池。

（3）铅酸蓄电池在充、放电修复过程中，电解液中的水会因为电解和蒸发而逐渐减少，导致电解液液面下降。如果不及时补充，则有可能缩短铅酸蓄电池的使用寿命，因此应及时补充蒸馏水。

四、蓄电池修复的注意事项

（1）充电过程中冒泡属正常现象。不要让电解液溢出螺孔。若溢出，应及时用吸管吸出。

（2）充电过程中，电解液可能出现发黑浑浊，应及时用吸管吸掉，再补充新的电解液。

（3）充电过程中，要及时补充电解液。

（4）充电过程中，蓄电池有温升，用手摸有温感，应不烫手。

（5）蓄电池电解液有腐蚀性，不要溅到眼中和身体上。

五、蓄电池维修不好的原因（容量上升不大，或者没有达到标准容量的70%以上）

（1）蓄电池正、负极板软化，在补充液体时会发现吸出的多余电解液中有黑色杂质。如果黑色杂质较多，则是正、负极板软化排出的。这样的蓄电池基本上无法修复，只能报废。

（2）修复 30min 后，测量蓄电池电压仍低于 11V，可能是蓄电池内部断路，蓄电池应报废。

六、蓄电池修复技巧

（1）将需修复的蓄电池上盖板打开，注入补充液，在蓄电池容量精密测试仪上先将蓄电池全部放电至 10.5V，然后深放电至 2~3V，就可以上机修复了。在整个修复过程中注入蓄电池的电解液一定要保持富液状态。

（2）有些蓄电池修复两次，容量无明显上升，应先把蓄电池深放电一次（放电到0V，每个蓄电池只能一次），静置 2h，如有黑色电解液，应抽出并注入新鲜的电解液，然后再次上机修复。

（3）将整组蓄电池中个别容量较差的挑选出来，与其他组中的蓄电池进行配组修复。

（4）要保证蓄电池的修复效果必须做到以下几点：

① 蓄电池本身内在质量应该得到保证，极板及各种状态正常。

② 蓄电池配组时应精挑细选，特性完全一致是性能可靠的保证。

③ 蓄电池维修仪器的修复作用及正确的维修方法。

七、蓄电池配组方法

蓄电池修复后，要进行蓄电池组的配组，否则达不到蓄电池修复的效果。配组时，串联配组的蓄电池容量差越小越好，蓄电池组中最高容量与最低容量差要小于 6%，并且容量分布合理、连续，避免忽高忽低。蓄电池开路端电压相差在±0.5V 以内。

1. 蓄电池配组方法

配组前应预先充分检测蓄电池的充、放电情况，经过三充两放后，曲线和容量完全相同的，充电后和放电后开路电压是一致的，这样的配成一组，在使用中同步性肯定良好。放电同时达到终止，充电同时达到充满，都能充分发挥最大能量，最后会同时达到寿命终止期。

2. 配组时蓄电池的更换方法

（1）以旧换旧：挑选一块旧的但并未报废的蓄电池与原组剩余两块蓄电池配组。测定它的容量、充电后和放电后的开路电压，与原组剩余两块蓄电池一致或接近（容量差异在6%以内，开路电压差在±0.5V以内）。配组后继续使用到蓄电池寿命终结。

用新蓄电池替换旧蓄电池是不科学、不经济的。新、旧蓄电池永远不会同步工作，不仅特性相差很远，而且充、放电终止电压也有区别，容量更是最大问题。同样，用旧蓄电池替换新蓄电池也不可行。

（2）以新换新：蓄电池组寿命期在年期1/3以内，甚至只用了很短时间，某块成为问题蓄电池，经鉴定无法使用时，应选择新蓄电池或用过的蓄电池，按以上条件更换，但差异应缩小，容量差异应在1%以内，电压相差在±0.5V以内。差异越小，整组蓄电池寿命和充、放电性能越好，也越能保证电动自行车的续行里程。

上述方法叫作"同龄替换法"，即蓄电池不仅特性一致，并且处于相同龄期，它们能更好地协调工作。

八、蓄电池修复后的使用寿命

蓄电池经过修复后的使用寿命是关系到蓄电池修复有没有意义的重大问题，与所使用的蓄电池修复仪、蓄电池状况和采用的修复方法有密切的关系。正确的方法是采用蓄电池专用修复剂，用脉冲修复仪清除硫化，再根据蓄电池的实际容量进行配组，只有这样才能达到延长蓄电池寿命的目的。

绝大多数的蓄电池生产厂家所生产的蓄电池都是按国家标准检测合格的，一般的使用年限都应该在1～2年。实际上，许多消费者在使用1年左右时就出现行驶里程短、充不进电及充电时间短等现象。根据笔者多年的蓄电池修复经验总结，电动自行车蓄电池在消费者使用1～2年时，80%都有不同程度的缺水现象。另外，大多数报废的蓄电池是由于蓄电池硫酸盐化致使容量下降造成的，这时也是蓄电池修复的最佳时期。如果此时做好蓄电池修复工作，则可以重新装车使用，从而延长蓄电池的使用寿命。根据笔者的经验，认为蓄电池修复后再用6个月甚至更长时间是可以实现的。

九、蓄电池修复电流与修复时间

蓄电池修复电流与修复时间对照表如表7-1所示。

表7-1 蓄电池修复电流与修复时间对照表

蓄电池容量	修复电流	修复时间
10/14A·h	约3A	6～10h
17/20A·h	约3A	10～12h
36A·h	约6A	9h左右
40A·h	约6A	10h左右
60A·h	约6A	13h左右
80A·h	约6A	20h左右

续表

蓄电池容量	修复电流	修复时间
100A·h	约10A	13h 左右
120A·h	约12A	13h 左右
150A·h	约15A	13h 左右
200A·h	约15A	20h 左右

注：汽车蓄电池加液用比重器测，比重为 1.28g/L 左右。

第四节　铅酸蓄电池高效修复剂

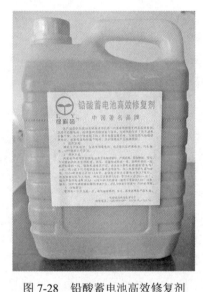

图 7-28　铅酸蓄电池高效修复剂

铅酸蓄电池高效修复剂主要是针对铅酸蓄电池不可逆硫酸盐化造成的容量降低而开发的一种负极添加剂，近年来已广泛应用。

本节以洛阳市绿盟电动车维修培训学校研制的"绿盟"牌铅酸蓄电池高效修复剂为例，介绍高效修复剂的使用方法。

铅酸蓄电池高效修复剂如图 7-28 所示。

一、适用范围

本产品适用于铅酸蓄电池、胶体蓄电池的修复与保养，对蓄电池的早衰、充不进电、容量下降和冬天行驶里程短具有恢复容量功能，可有效延长蓄电池使用寿命。当发现蓄电池容量下降时，应及时使用本产品，效果会更好。本产品主要适用摩托车用铅酸蓄电池、电动自行车用铅酸蓄电池、电动摩托车用铅酸蓄电池、汽车用铅酸蓄电池和 UPS 电源用铅酸蓄电池等。

技术指导

蓄电池极板发生断裂、短路、活性物质严重脱落、穿孔漏液时，使用蓄电池高效修复剂无效。

二、产品概述

铅酸蓄电池恶化的主要原因是电极板上覆盖的硫酸铅沉积物堆积（硫酸盐化反应）而造成电路堵塞。蓄电池高效修复剂彻底解决了无修复效果、费时、价高、落后的活化剂、超级复原剂等对蓄电池极板硫化分解不完全、不能还原补充活性物质的弊病。"绿盟"牌铅酸蓄电池高效修复剂大幅度提高了蓄电池的充电接收能力和低温启动能力，使蓄电池的寿命可延长 6 个月，甚至更长，同时极大地改善和加强了蓄电池的性能，增加了蓄电池容量，减少了蓄电池的报废量，节约了大量资源，保护了环境。

三、工作原理

蓄电池修复剂在外加电场的作用下，用它自身的活性物质分解硫酸铅晶体粒子并进行有选择地去除，使晶体表面的活性物质（Pb/PbO$_2$）活化再生，使硫酸回到电解液中，保持电解液正常浓度；对于已生成的硫酸铅晶体，这些微颗粒在外加电场的作用下，会均匀地被高效修复剂 R 活性因子除去，使硫酸铅晶体在电极的界面上不会产生沉积，从而有效地提高了整个蓄电池的活性物质利用率，并使蓄电池的电极长期处于新蓄电池状态，从根本上克服了蓄电池因硫酸盐化而造成蓄电池容量下降的缺点，延长了铅酸蓄电池的寿命。它可使任何一个没有物理损伤的铅酸蓄电池都能从根本上解决寿命短、容量下降快的致命弱点。

蓄电池高效修复剂和"绿盟"牌蓄电池智能修复仪结合使用效果更好，原因是加入修复剂增加分解还原作用，使用蓄电池智能修复仪进行修复，除硫效果更显著。

四、使用方法

加入蓄电池修复剂前，采用蓄电池检测仪检查蓄电池是否有物理损坏、严重脱粉（电解液发黑）、极板断格、穿孔等故障，尽可能地把蓄电池合理配组，把蓄电池电压、容量接近的配成一组。如果蓄电池电压过低，应将蓄电池先充电 1h；然后用小螺丝刀打开蓄电池上盖板，加入蓄电池专用修复剂（加入修复剂前应摇匀均匀），每小孔加入量为 5～7mL。添加修复剂后马上放电，把电压放到 0V。注意，零放电只能进行一次。当蓄电池缺水严重时，再加入 5～10mL 补充电解液（酸度不要超过 1.04g/L），加到用眼睛能看到液体为宜，然后用修复仪修复即可。

五、注意事项

（1）使用高效修复剂前，首先应鉴别蓄电池是否失效，即蓄电池内部有无短路、断路、活性物质脱落严重、极板断裂等物理损伤。

（2）正常使用中的蓄电池、失效放置时间较长的蓄电池、活性物质脱落未达到报废的蓄电池、专业检修人员认为有修复价值的蓄电池，均可使用高效修复剂。

（3）蓄电池高效修复剂为铅酸蓄电池专用，是无毒、中性液体，有腐蚀性。在操作时，如果误入眼中或沾在皮肤上，应立即用清水洗净。

第八章 锂离子蓄电池

>
> **阅读提示**
>
> 本章首先介绍锂离子蓄电池的发展史,以及锂离子蓄电池的分类和命名;然后介绍锂离子蓄电池的构造和工作原理,锂离子蓄电池组及充电方法;最后介绍锂电车的结构与维修。通过阅读本章,读者能够了解锂离子蓄电池的构造与工作原理,掌握锂离子蓄电池充电方法与正确使用方法,锂电车的结构与维修。

第一节 锂离子蓄电池概述

一、锂离子蓄电池的发展史

锂离子蓄电池诞生于 20 世纪 70 年代,当时由于发生了能源危机,铅酸蓄电池和镉镍蓄电池的重金属污染等环境问题日益严峻,迫切要求发展绿色环保高能的替代电源。

锂是世界上最轻的金属,构成蓄电池时,输出电压为 4V。锂离子电池是当前比能量最高的蓄电池,已经在便携式信息产品中得到推广应用。

锂离子蓄电池于 20 世纪 70 年代实现商品化,并广泛应用于军用和民用小型电器中,如笔记本电脑、钟表、电话、照相机等。

1990 年,日本索尼公司将锂离子蓄电池推向市场。1995 年,索尼公司又成功开发了用于电动车的锂离子蓄电池。

我国从 1997 年开始研发锂离子蓄电池,2000 年左右开始规模化生产,并迅速发展。目前,国内已有锂离子蓄电池厂家近百家,主要原材料厂家数十家。

锂离子蓄电池被普遍认为具有高电压、高能量、长寿命、功率高、自放电小、无记忆效应、循环特性好、可快速充电、工作温度范围宽、无环境污染等优点,因此有望进入 21 世纪最好的动力电源行列。目前,已经出现了采用锂离子蓄电池的电动自行车产品。

由于锂离子电池组的质量仅为铅酸电池的 30%,因此在相同的电压、电容量下,锂离子蓄电池的续行能力强。锂离子蓄电池以 1.5C(C 为电池容量)倍率大电流放电,对其循环寿命毫无影响,而铅酸蓄电池以这样的大电流放电,其循环寿命仅为标称循环寿命的 30%~40%。

锂离子蓄电池如图 8-1 所示。

二、锂离子蓄电池的分类和命名

1. 锂离子蓄电池的分类

根据蓄电池形状可分为方形蓄电池和圆形蓄电池等；根据工作温度不同可分为常温锂离子蓄电池、高温锂离子蓄电池和低温锂离子蓄电池。

2. 锂离子蓄电池的命名

根据国际电工委员会（IEC）规定：圆形锂离子蓄电池的型号命名由 3 个字母和两组数字组成。

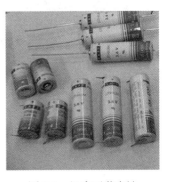

图 8-1 锂离子蓄电池

- 第一个字母表示蓄电池所采用的负极体系。字母 I 表示采用具有嵌入特性的锂离子负极体系；字母 L 表示金属锂负极体系或锂合金负极体系。
- 第二个字母表示电极活性物质中占有最大质量比例的正极体系。字母 C 表示钴基正极；字母 N 表示镍基正极；字母 M 表示锰基正极；字母 V 表示钒基正极。
- 第三个字母表示蓄电池形状。字母 R 表示圆形蓄电池。
- 第一组数字表示蓄电池组内单体蓄电池的直径，单位为 mm，取整数值。
- 第二组数字表示蓄电池组内单体蓄电池的高度，单位为 mm，取整数值。

当蓄电池的两个尺寸中至少有一个尺寸大于或等于 100mm 时，在表示直径的数字和表示高度的数字之间添加分隔符"/"，同时该尺寸数字的位数相应增加。

三、锂离子蓄电池和锂电池的区别

锂离子蓄电池和锂电池有本质的区别，锂离子蓄电池和锂电池是两种完全不同的电池。

锂离子蓄电池的正极材料是锰酸锂、钴酸锂，负极材料是碳材料。蓄电池通过正极产生的锂离子在负极碳材料中的迁入与迁出来实现蓄电池的充、放电过程。为了区别于传统意义上的锂电池，人们称为锂离子蓄电池。锂离子蓄电池的前身是锂电池。

锂离子蓄电池外形如图 8-2 所示。锂电池外形如图 8-3 所示。

图 8-2 锂离子蓄电池外形

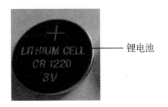

图 8-3 锂电池外形

锂电池和锂离子蓄电池的区别如下：

锂离子蓄电池与锂电池不同，锂离子蓄电池是可充电的电池，可以反复利用。锂离子蓄电池一般由正极材料、负极材料、特殊隔膜和电解液四部分组成。锂离子蓄电池的充、放电过程由锂离子的往复运动来完成，这是锂离子蓄电池可以反复使用的原因。

锂电池与普通的干电池差不多，锂电池是一次性的电池，电量用完后无法再次充电。锂电池的负极材料一般是锂金属或锂合金，通过金属锂的腐蚀、氧化来产生电能，锂被消耗完后,电量被用完,不能再次利用。例如,常见的锂锰电池就是一次性的锂电池。

四、锂离子蓄电池的优缺点

1. 锂离子蓄电池的优点

(1) 电压高。单体电池的工作电压高达 3.6~3.9V,是镍镉(Ni-Cd)、镍氢(Ni-MH)电池的 3 倍。

(2) 比能量大。目前能达到的实际比能量为 100~125W·h/kg 和 240~300W·h/L(2 倍于 Ni-Cd,1.5 倍于 Ni-MH),未来随着技术的发展,比能量有望达到 150W·h/kg 和 400W·h/L。

(3) 循环寿命长。一般均可达到 500 次以上,甚至 1000 次以上。对于小电流放电的电器,电池的使用期限长,将增强电器的竞争力。

(4) 安全性能好,无公害,无记忆效应。

(5) 自放电小。室温下充满电的锂离子蓄电池储存 1 个月后的自放电率为 10%左右,大大低于镍镉的 25%~30%,镍氢的 30%~35%。

(6) 可快速充、放电。

(7) 工作温度范围大。工作温度为-25~45℃。

2. 锂离子蓄电池的缺点

(1) 电池成本较高。

(2) 不能大电流放电。由于有机电解质体系等原因,电池内阻相对其他类电池大,所以要求较小的放电电流密度,一般放电电流在 $0.5C$ 以下,只适合中小电流的电器使用。

(3) 需要保护线路控制。

① 过充电保护:电池过充电将破坏正极结构从而影响性能和寿命;同时,过充电使电解液分解,内部压力过高而导致漏液等问题。充电时,须在 4.1~4.2V 恒压下充电。

② 过放电保护:过放电会导致活性物质的恢复困难,所以也需要有保护线路控制。

五、几种二次蓄电池的主要性能参数

表 8-1 列出了几种二次蓄电池的主要性能参数。

表 8-1 几种二次蓄电池的主要性能参数

性 能 参 数	铅酸蓄电池	镍氢蓄电池	锂离子蓄电池
平均工作电压(V)	2.0	1.2	3.6
质量比能量(W·h/kg)	30~40	50~70	100~150
体积比能量(W·h/L)	70~80	150~180	240~300
循环寿命(次)	150~400	500~1000	500~1000
工作温度(℃)	-20~50	-20~40	-20~70
环境污染	有	无	无

第二节 锂离子蓄电池的构造和工作原理

一、锂离子蓄电池的构造

锂离子蓄电池的构造如图8-4所示。

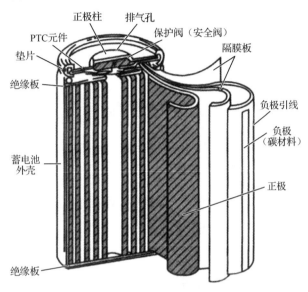

图8-4 锂离子蓄电池的构造

锂离子蓄电池一般由四部分组成：正极、负极、特殊隔膜和电解液。正极一般是锰酸锂、磷酸锂等活性材料；负极一般是碳或石墨；隔膜是一种特殊的材料，只能通过锂离子，不能通过电子；电解液一般是碳酸酯类的溶剂。

二、锂离子蓄电池的工作原理

当对蓄电池充电时，蓄电池的正极上有锂离子生成，生成的锂离子会通过电解液运动到负极。而作为负极的碳，层状结构上有很多微孔，到达负极的锂离子就嵌入到碳层的微孔中。嵌入的锂离子越多，充电容量越高。同样道理，当对蓄电池进行放电时（使用蓄电池的过程），嵌在负极碳层中的锂离子脱出，又运动回到正极。回到正极的锂离子越多，放电容量越高。我们通常所说的蓄电池容量指的就是放电容量。

综上所述，在锂离子蓄电池的充、放电过程中，锂离子处于从正极→负极→正极的运动状态。如果把锂离子蓄电池形象地比喻为一把摇椅，摇椅的两端为蓄电池的两极，而锂离子就像优秀的运动健将，在摇椅的两端来回奔跑。所以，专家们又给了锂离子蓄电池一个可爱的名字——摇椅式蓄电池。

三、锂离子蓄电池在电动自行车上使用的优势

锂离子蓄电池与其他可充电蓄电池相比，它的能量密度高，即在一定的外形尺寸和重

量下,锂离子蓄电池能比其他可充电蓄电池存储更多的电能。

锂离子蓄电池具有较高的工作电压。一般锂离子蓄电池的工作电压为 3.7V,而镍氢或镍镉蓄电池的工作电压只有 1.2V。因此通常在照相机上可使用单节锂离子蓄电池,而不像镍镉或镍氢蓄电池需用多节。

从电化学性能上看,锂离子二次蓄电池具有独特的应用优势:二次蓄电池质量比能量达到 120W·h/kg 以上,循环寿命在 1000 次以上。能量密度是铅酸和镍氢蓄电池的 2~3 倍,循环寿命也是现行二次蓄电池体系中寿命最长的。更重要的是,锂离子蓄电池不含有毒重金属元素,并且回收简单。

目前,锂离子蓄电池已日臻完善,在电动自行车上大有取代铅酸蓄电池、镍镉蓄电池、镍氢蓄电池之势。

电动自行车所用锂离子蓄电池组的质量为 3~4kg,电动摩托车所用锂离子蓄电池质量为 15~20kg,混合动力汽车所用蓄电池组质量为 30~100kg,纯电动轿车则要用到 300~400kg 的锂离子蓄电池。

锂离子蓄电池具有体积小、质量轻的优点,在电动自行车上使用,可以降低整车质量,提高充电续行里程,最大限度地方便了搬运和无电状态时的人力骑行。因此,锂离子蓄电池电动自行车是电动自行车的高端产品,除可在一般类型的电动车上使用外,作为娱乐和休闲型的消费产品,将具有特定的消费群体和市场。锂离子蓄电池将成为电动自行车的主流产品。

第三节 锂离子蓄电池组及充电方法

一、锂离子蓄电池组

锂离子蓄电池在应用于电动自行车等移动体时,主要以蓄电池组的形式出现,需要进行串并联组合应用。因此,在蓄电池的一致性、均衡充电、过电压/欠电压保护、温度保护等方面的要求都比较高;否则,将造成蓄电池组寿命短、易损坏,严重时甚至会出现燃烧等现象。其中,均衡充电是锂离子蓄电池应用于电动自行车的关键。

1. 锂离子蓄电池组的组成

电动自行车用锂离子蓄电池组的组成如图 8-5 所示。

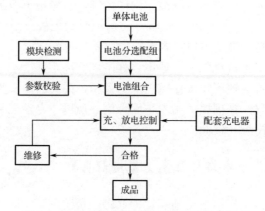

图 8-5 电动自行车用锂离子蓄电池组的组成

2. 单体蓄电池的分选

在生产过程中，由于各种不定因素导致的单体锂离子蓄电池的性能参数离散性较大，因此在组装蓄电池组时要进行严格的性能测试，即按主要参数进行分选和配组，分选越细、越精确，组成的蓄电池组性能也越好。对于锂离子蓄电池组来说，重要的参数包括充电的恒压时间、充放电效率、衰减规律、容量和内阻等。当参数不一致时，蓄电池组不仅会因其中一节蓄电池性能不良而变坏，还可引起一系列的连锁反应，使其他性能好的蓄电池也迅速变坏，进而使整个蓄电池组性能变坏。因此，单体蓄电池的分选是组装好蓄电池组的第一步。

36V 锂离子蓄电池如图 8-6 所示。

图 8-6　36V 锂离子蓄电池

3. 蓄电池组均衡充电

均衡充电就是在蓄电池组充电时，使其中每个单体蓄电池均能在充电时全部充满。锂离子蓄电池组均衡充电保护管理模块由均衡充电、过电压/欠电压保护、过载短路保护、蓄电池过放电保护等部分组成。

电动自行车用锂离子蓄电池组一般由多个单体蓄电池串并联组成。由于蓄电池间不可避免地存在差异，在充、放电过程中各单体蓄电池到恒压区有先有后，蓄电池恒压区有长有短，充、放电效率有高有低，而且各蓄电池参数的衰减规律也不同，这些都会对蓄电池组的性能产生影响。因此，在蓄电池组上加装均衡充电保护管理模块是保证蓄电池组正常工作的必要条件。

二、锂离子蓄电池的安全特性

锂离子蓄电池已广泛应用于人们的日常生活中，因此它的安全性能是锂离子蓄电池的重要考核指标。对于锂离子蓄电池安全性能的考核指标，国际上规定了非常严格的标准，一个合格的锂离子蓄电池在安全性能上应该满足以下条件。

（1）短路时不起火，不爆炸。

（2）过充电时不起火，不爆炸。

（3）热箱试验时不起火，不爆炸（150℃恒温 10min）。

（4）针刺时不会发生爆炸（用 ϕ3mm 钢钉穿透蓄电池）。

（5）用平板冲击不起火，不爆炸（10kg 重物自 1m 高处砸向蓄电池）。

（6）焚烧后不爆炸（煤气火焰烧烤蓄电池）。

三、锂离子蓄电池的一致性

锂离子蓄电池一致性是指：用于成组的单体蓄电池的初期性能指标的一致性，包括容量、阻抗、电极的电气特性、电气连接、温度特性、衰变速度等。上述因数的不一致，将直接影响运行中输出电参数的差异。

锂离子蓄电池组的不一致性是指同一规格型号的单体蓄电池组成蓄电池组后,其电压、荷电量、容量、衰退率、内阻及其随时间变化率、寿命、温度影响、自放电率及其随时间变化率等参数存在一定的差异。

单体蓄电池生产后，本身会存在一定的性能差异。初始的不一致性随着蓄电池在使用过程中连续的充、放电循环而累计，导致各单体蓄电池状态（如电压）产生更大的差异；蓄电池组内的使用环境对于各单体蓄电池也不尽相同。这些因素导致了单体蓄电池的不一致性在使用过程中逐步放大，从而在某些情况下使某些单体蓄电池性能加速衰减，并最终引发蓄电池组过早失效。

由于同一类型、规格的蓄电池在电压、内阻、容量等方面的参数值存在差异，使其在电动自行车上使用时性能指标往往相差较大。锂离子蓄电池的一致性严重影响蓄电池使用寿命和行驶里程。

针对上述不一致性产生的原因，可以通过以下措施加以消除。

（1）生产过程措施：电池企业控制好各种原材料的一致性。

（2）配组过程的措施：保证蓄电池组采用统一规格、型号的蓄电池，保证蓄电池出厂质量尤其是初始电压的一致性。

（3）蓄电池均衡管理：在蓄电池组使用过程中检测单体蓄电池参数，尤其是电动自行车停驶或行驶过程中电压的分布情况，掌握蓄电池组中单体蓄电池不一致性发展规律，对极端参数的蓄电池及时进行调整或更换，以保证蓄电池组参数不一致性不随使用时间而增大。避免蓄电池过充电，尽量防止蓄电池深放电。保证蓄电池组良好的使用环境，尽量保证恒温，减小振动，防止水、尘土等污染蓄电池极柱。

四、锂离子蓄电池的充电方法和使用

1. 锂离子蓄电池的充电方法

充电最好按照标准时间和标准方法进行，充电时间最好不要超过 12h。另外，锂离子蓄电池也不要过放电，过放电对锂离子蓄电池同样很不利。

锂离子蓄电池充电的正确方法如下。

（1）按照标准的时间和程序充电，即使是前三次也要如此进行。

（2）当出现蓄电池电量过低提示时，应该及时充电。

（3）蓄电池的激活并不需要特别的方法，在正常使用中锂离子蓄电池会自然激活。

（4）防止过充电和过放电。

2. 锂离子蓄电池使用注意事项

蓄电池放置一段时间后会进入休眠状态，此时容量低于正常值，使用时间也随之缩短。但锂离子蓄电池很容易激活，只要经过 3~5 次正常充、放电循环就可激活蓄电池，恢复正常容量。由于锂离子蓄电池本身的特性，决定了它几乎没有记忆效应，因此锂离子蓄电池在激活过程中，是不需要特别的方法和设备的。一般采用标准方法充电是最好的。

第四节　锂离子蓄电池电动车及其维修

一、常见锂离子蓄电池电动车的种类

常见锂离子蓄电池电动车有锂离子蓄电池代驾车、滑板车、平衡车等。锂离子蓄电池代驾车如图 8-7 所示。锂离子蓄电池滑板车如图 8-8 所示。锂离子蓄电池平衡车如图 8-9 所示。

图 8-7　锂离子蓄电池代驾车

图 8-8　锂离子蓄电池滑板车

图 8-9　锂离子蓄电池平衡车

二、锂离子蓄电池代驾车的维修

锂离子蓄电池代驾车电气部分与无刷电动自行车一样，也主要由无刷电动机、控制器、蓄电池、充电器等四大件组成。锂离子蓄电池代驾车通常将仪表显示屏、电源锁和转把一体组合安装在车把上，如图 8-10 所示。仪表组合体引出线接线图如图 8-11 所示。

图 8-10　代驾车仪表显示屏、电源锁和转把一体组合

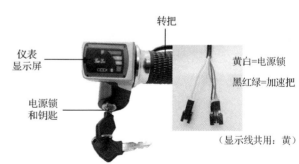
图 8-11　仪表组合体引出线接线图

锂离子蓄电池代驾车维修方法与无刷电动自行车相同，不同之处是采用了锂离子蓄电池和锂离子蓄电池充电器。锂离子蓄电池组电压一般为 36V 或 48V。48V 锂离子蓄电池如图 8-12 所示。48V 锂离子蓄电池充电器如图 8-13 所示。

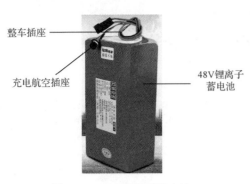

图 8-12　48V 锂离子蓄电池

图 8-13　48V 锂离子蓄电池充电器

 技术指导

　　维修锂离子蓄电池电动车时,注意锂离子蓄电池必需使用锂离子蓄电池充电器充电,严禁使用铅酸蓄电池充电器;否则,会造成锂离子蓄电池损坏。

三、锂离子蓄电池滑板车、平衡车的维修

　　锂离子蓄电池滑板车、平衡车维修方法与无刷电动自行车相同,不同之处是采用了锂离子蓄电池和锂离子蓄电池充电器。锂离子蓄电池电压有 24V、36V、48V 等。锂离子蓄电池滑板车控制器与蓄电池一般安装在脚踏板下面,如图 8-14 所示。

图 8-14　锂离子蓄电池滑板车的控制器与蓄电池

第九章

Chapter 9

电动三轮车、四轮车的故障维修技巧

第一节 电动三轮车、四轮车的使用与保养

一、电动三轮车、四轮车简介

电动三轮车、四轮车产品作为电动自行车产品的延伸，近年来发展很快，在我国城乡迅速普及，成为人们客运和货运的交通工具之一。电动三轮车如图 9-1 所示。电动四轮车如图 9-2 所示。

图 9-1 电动三轮车

图 9-2 电动四轮车

二、电动三轮车、四轮车的驾驶方法

（1）开车前对车辆刹车性能及各种电器进行例行检查。

（2）将主开关钥匙向右打开，按需要将倒顺开关旋至顺或倒挡，慢慢旋动手把调速器，以达到所需速度。切记倒车时只能轻旋、少旋手把，切不可猛旋或全速倒车，以免造成不良后果。

（3）起步后应尽快以全速行驶，严禁长时间慢速行驶。

（4）上坡时应全速前进，下坡时要轻踩制动踏板，以达到切断电源的目的而减速行驶。

（5）车辆在遇有转弯或前面有异物时切不可急转弯，应刹车减速后再转弯通过。

（6）停车时先踩刹车，等车停稳后关闭电源钥匙，然后将倒顺开关旋至空挡后方可下车。

（7）遇有电器故障或其他原因使刹车不能断电时，应用钥匙关掉主开关或将倒顺开关旋到空挡再紧急刹车。

（8）在行驶过程中若发现电压表指示 40V（48V 车），表明电量不足，不宜再用，需充电，否则继续放电会影响蓄电池寿命。

三、电动三轮车、四轮车的安全驾驶规则

（1）电动三轮车、四轮车属非机动车，应严格遵守交通规则，在慢车道行驶。

（2）为确保电动三轮车、四轮车能长期正常运行，应仔细阅读说明书。在不了解其性能之前，勿急于使用，更不要借给无操作经验的人使用。

（3）启动前必须对车辆进行检查。检查轮胎气压，以及各类紧固件、连接件、调节件是否到位，检查刹车、充电、转向灯是否安全有效，调速手把是否复位，以防事故发生和机件损坏。

（4）驾驶时应全神贯注，应和其他车辆保持适当距离，严禁争道抢行、超速行驶。

（5）转弯或改变车道时，应打开转向灯，以引起他人注意。

（6）严禁超载或私自改装原车装置，货物应放车辆中心，以保持车辆平衡，稳定行驶。

（7）在充电、停车或车辆修理时，必须关闭并拔下电源锁钥匙，并关闭总电源，制动手刹，以防意外情况发生。

四、电动三轮车、四轮车使用注意事项

（1）每天出车前先检查电量是否充足，刹车是否良好，螺钉是否松动，有故障应及时修理。

（2）对充电部分进行修理或更换充电熔断器时，必须先拔掉 220V 电源插头，不准带电工作。

（3）充电时应把总开关旋至停挡，刹好车并拔出钥匙，以防偶然因素使车辆突然启动。

（4）电动三轮车在拉货时，货物重量不可超过额定载重量。

（5）电动三轮车、四轮车不可转借不会使用的人使用。

（6）电动三轮货车只准拉货，不准载人。

（7）车辆应每月为润滑部位添加润滑油。

（8）经常在凹凸不平的道路上行驶或经常负载运输时，应每天检查电动三轮车前身受力部分和重要焊接点是否有裂缝或损伤。

（9）每次停车都必须关闭电源总开关，拔出钥匙，将倒顺开关扳到"停"位置。

（10）蓄电池充电时应把车辆放在通风良好的位置，不能在堆放易燃物品处充电。

五、电动三轮车、四轮车的日常检查和保养

（1）紧固件每周检查一次，将松动处拧紧。

（2）焊接部位应经常检查。

（3）每周调节一次链条，并上机油润滑。

(4) 每周检查一次刹车性能。
(5) 每三个月保养一次蓄电池。
(6) 每天例行检查线缆有无破损、短路现象。

第二节　电动三轮车、四轮车的类型及参数

一、电动三轮车、四轮车的类型

电动三轮车有单座三轮、双座三轮、客运三轮和货运三轮之分，电动机和蓄电池配置各不相同。

电动三轮车、四轮车使用电动机功率为350~1000W，有前驱动和后驱动两种。蓄电池有48V、60V、72V三种，容量为20~120A·h。大多数电动三轮车都将蓄电池放在后备箱内。电动三轮车、四轮车配有仪表、里程表、无级变速，刹车系统比电动自行车要好。其他辅助系统和电动自行车基本相同。充一次电可以行驶50~100km。

由于电动三轮车与电动四轮车只是外形上有区别，电气部分结构与原理大同小异，因此下面只对电动三轮车进行介绍，电动四轮车可参照电动三轮车进行检修。

单/双座电动三轮车如图9-3所示。

图9-3　单/双座电动三轮车

客货运电动三轮车用电动机的电压常见的有48V、60V和72V，功率为500~1000W，蓄电池容量为20~120A·h，充一次电可以行驶80~120km。其载重量达500kg以上，适合在广大农村、市郊使用。

客运电动三轮车如图9-4所示。货运电动三轮车如图9-5所示为。

图9-4　客运电动三轮车　　　　图9-5　货运电动三轮车

二、电动三轮车的车型参数

下面以"绿祥"牌 A 型电动三轮车（见图 9-6）为例，介绍电动三轮车的车型参数。

图 9-6 "绿祥"牌 A 型电动三轮车

（1）显示仪表：具有显示电源、欠电压和电量功能。

（2）控制手柄：控制骑行速度，静止状态下手柄向下旋转即可增减速度。

（3）制动手柄：前后制动闸把，具有制动时自动断电功能。

（4）蓄电池组：内置 12V/12A·h 铅酸蓄电池 4 个。

（5）电源开关："OFF"为断电状态，"ON"为接通状态。向前一挡为前照明灯。

（6）电动机：350W 无刷无齿电动机。

（7）控制器：电动三轮车专用无刷控制器。

（8）闸制动：前闸为中拉闸，后闸为盘刹，刹车时整体平稳减速，不侧滑。

（9）工具箱：备有后开门钥匙。

（10）保险叉：可调节，并在大冲击力下保护骑行者安全。

（11）轴：后侧两轮之间通轴，防止行驶时两轮不平衡。

（12）座椅：带扶手宽大老板椅，乘坐舒适安全，并带有六根减振弹簧，防止路途颠簸。

（13）保险杠：左、右、后侧安装有保险杠，保障行驶安全。

（14）车速：小于等于 25km/h。

（15）载重量：160kg。

（16）行驶里程：30～40km（单蓄电池组）；60～80km（双蓄电池组）。

（17）爬行能力：小于等于 10°。

第三节 牵引型铅酸蓄电池的使用与保养

一、牵引型大容量铅酸蓄电池的使用与保养

货运电动三轮车、四轮车使用的蓄电池一般为牵引型大容量铅酸蓄电池，俗称"水电瓶，如图 9-7 所示。电动四轮车常用的是铅酸免维护蓄电池，如图 9-8 所示。

常用型号为××V-×××A·h，例如 12V-120A·h。前面部分表示铅酸蓄电池的标称直流电压，后面部分表示铅酸蓄电池的标称容量。在使用之前，需向蓄电池的 6 个单格内注入密度为 1.28g/L 的硫酸电解液。电解液应保持在蓄电池的"max"和"min"液面线之间，干式荷电蓄电池注入电解液静置 30min 后，蓄电池即可装车使用。在使用之前用三段式充电机充电 12h 以上，对延长蓄电池使用寿命有好处。

图 9-7 牵引型大容量铅酸蓄电池

图 9-8 铅酸免维护蓄电池

甲、乙、丙、丁四个蓄电池串联后，电动三轮车就可以获得 12V×4=48V 的标称工作电压。为了提高电动三轮车的工作电压，蓄电池可以串联使用。甲蓄电池的负极与乙蓄电池的正极相连；乙蓄电池的负极和丙蓄电池的正极连接；丙蓄电池的负极和丁蓄电池的正极相连；甲蓄电池的正极与电动三轮车的正极相连，丁蓄电池的负极与电动三轮车的负极相连。蓄电池的使用寿命不仅与蓄电池厂产品质量及电动三轮车的系统配置有关，而且与消费者的使用与保养有很大关系。

（1）每天保持蓄电池的满电状态。只要使用过电动三轮车，不管跑了多少里程，必须给电动三轮车充电，而且当天就充，充电时要保持通风。

（2）每周进行蓄电池表面的清洁工作，防止蓄电池极间的自放电现象发生，用干毛刷刷净蓄电池的表面。

（3）每月检查一下蓄电池的液位，液位低于"min"线时要及时补加蒸馏水（纯水）或补充电解液，切勿酸度过大。应检查蓄电池的 6 个旋塞的排气孔是否畅通。长期不使用的电动三轮车每月也需给蓄电池充一次电。有必要的话，每月清理一次蓄电池的正、负极柱。

（4）蓄电池的充电过程是将电能转化成化学能储存在蓄电池极板内。蓄电池的放电过程是将化学能逆转成电能给电动三轮车供电。温度越高，能量的转化速度越快；温度越低，能量的转化速度越慢，这就是为什么冬季行驶里程短的主要原因。经验证明，夏季能行驶 100km 的电动三轮车，到冬季只能行驶 60~70km。因此，冬季充电应适当提高充电电流和延长充电时间，最好在室内充电。

二、牵引型铅酸蓄电池的充电参数与充电方法

1. 充电参数

表 9-1 列出了货运电动三轮车蓄电池的充电参数。

表 9-1 货运电动三轮车蓄电池的充电参数

蓄电池型号	初充电 恒流充电 电流（A）	正常补充充电 恒流充电 电流（A）	普通充电		恒流恒压充电（A）
			第一阶段 电流（A）	第二阶段 电流（A）	
80A·h 型	8	11	11.2	5.6	12
110A·h 型	9	12.5	12.6	6.3	12
120A·h 型	11	15	15.4	7.7	12

2. 充电方法

（1）新车的初次充电方法

新车最好先充电后使用。把充电电流调至 14A 以内，充电 15h 以上。前 5~10 次充电时间尽量长些，这样能使蓄电池极板上渗透性物质充分反应，有利于提高整车行驶里程和延长蓄电池的使用寿命。

（2）电动三轮车的日常充电方法

按用户的使用习惯，一般白天使用，晚上回家充电。电动三轮车充足电可行驶 80~120km，蓄电池寿命为充放电 700 次以上（两年）。

① 如果行驶里程够用，建议每天只充电一次；如果不够用，中午可补充充电一次。

② 亏电状态应充 8h 以上，如果电没有用完，则视实际行驶里程（夏天行驶 50km 以内、冬天行驶 30km 以内）可缩短充电时间。经验证明，一般行驶 1h 或 20km 要充电 2h。

③ 如果每天行驶 10km 以内，则可 2 天充一次电，每次充电 2h 以上，长期这样使用，每隔 10 天左右要进行一次深充电（10h 以上）。

④ 在充完电后，应及时清理充电器内散热风扇上的灰尘，这样对延长充电器的使用寿命至关重要。

3. 注意事项

（1）充电前确定本地电压是否为标准 220V。

（2）车辆正常使用时，推荐每晚充电一次，车辆长期放置不用，应使蓄电池保持电量充足状态（蓄电池每月充电一次）。

（3）蓄电池中的电解液因充电发热而挥发，液面低于最低液面线时需补充蒸馏水至规定液面线之间（注：5~6 个月内不得添加任何比重的硫酸电解液）。蓄电池表面保持干燥、清洁，避免杂物入内。电解液须在蓄电池经销商处购买，如果随便添加电解液，有可能会引起蓄电池寿命降低。

（4）在使用一个月内，蓄电池电量严禁透支，电压低于 40V 时要及时充电，否则会影响蓄电池的使用寿命和续行里程。

（5）前三次充电时间必须在 24h 以上，正常使用时每次充电 8~12h。

（6）温度在 10℃ 以上时，充电电流为 15~18A；温度在-10℃ 以下时，充电电流为 25~30A；温度在-10~10℃之间时，用户可根据情况自行调节。

第四节　货运电动三轮车及串励电动机的故障维修

一、货运电动三轮车串励电动机的使用

货运电动三轮车一般使用串励电动机。串励电动机也叫串激电动机，它的定子和转子分别采用了绕组，并且两个绕组串联使用，没有磁铁。串励电动机和控制器的连接有两条线。货运电动三轮车串励电动机如图 9-9 所示。

（1）安装前应先检查电动机的运行方向。

（2）电动机不准空载运转，应保持环境清洁，气流干燥畅通。

（3）换向器保持表面光洁，电刷接触良好，电动机结实可靠并定期保养。

（4）在运行一个月后，打开后端盖，检查换向器，清除电刷粉末。

第九章 电动三轮车、四轮车的故障维修技巧

图 9-9 货运电动三轮车串励电动机

二、货运电动三轮车整车电路

货运电动三轮车整车电路如图 9-10 所示。

三、货运电动三轮车串励电动机的故障与维修

表 9-2 列出了电动三轮车串励电动机常见故障与维修方法。

表 9-2 电动三轮车串励电动机常见故障与维修方法

故　　障	可　能　原　因	维　修　方　法
电动机转速不正常	(1) 电动机转速过高，并且有剧烈火花。 (2) 串励磁场绕组接反	(1) 检查磁场绕组与启动器（或调速器）连接是否良好，是否接错，磁场绕组或调速器内部是否断路。 (2) 纠正接线
电枢冒烟	(1) 长时间过载。 (2) 换向器或电枢短路	(1) 立即恢复正常负载。 (2) 用毫伏表检查是否短路，是否有金属屑落入换向器或电枢绕组
电刷下火花过大	(1) 电刷与换向器接触不良。 (2) 换向器表面不光洁、不圆或有污垢。 (3) 电刷磨损过度，或者所用牌号及尺寸不符。 (4) 底脚松动，发生振动。 (5) 电刷之间的电流分布不均匀	(1) 研磨电刷接触面。 (2) 清洁或研磨换向器表面。 (3) 按生产厂家原用的牌号及尺寸更换新电刷。 (4) 紧固底脚螺钉。 (5) 更换相同规格的新电刷
电动机不能启动	(1) 无电源。 (2) 过载。 (3) 电刷接触不良。 (4) 励磁回路断路	(1) 检查线路是否完好。 (2) 减少负载。 (3) 检查刷握弹簧是否松弛或改善接触面。 (4) 检查变阻器及磁场绕组是否断路，更换绕组
其他	机壳漏电	(1) 出线头碰壳。 (2) 接地装置不良，加以纠正

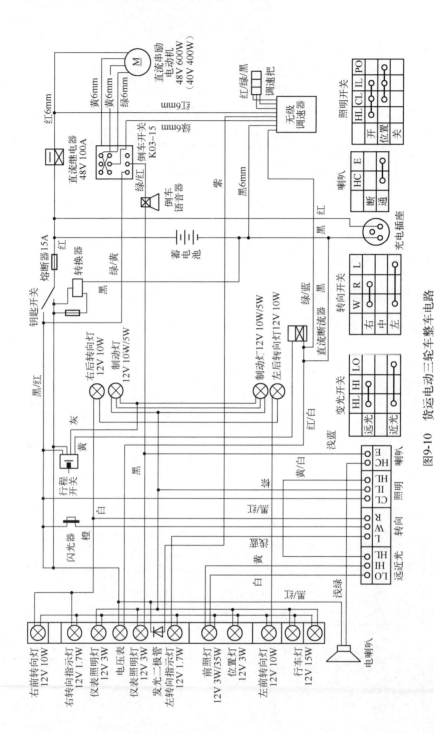

图9-10 货运电动三轮车整车电路

四、货运电动三轮车常见故障与维修

表 9-3 列出了货运电动三轮车常见故障与维修方法。

表 9-3 货运电动三轮车常见故障与维修方法

故　　障	可 能 原 因	维 修 方 法
接通电源后电压表无指示	(1) 蓄电池接头连线接触不良。 (2) 连接线短路后，熔断器熔断。 (3) 电压表连线脱焊	(1) 重新紧固。 (2) 查出短路线，更换熔断器。 (3) 重新焊好
有电压指示却不能开车	(1) 制动断电开关损坏或未复位。 (2) 蓄电池极柱接触不好。 (3) 蓄电池电压太低、接触器未吸合。 (4) 电动机线脱落	(1) 更换开关或调整位置后重新紧固。 (2) 重新充电或检查蓄电池是否有故障。 (3) 重新对蓄电池充电。 (4) 维修电动机线
有高速无低速刹车断电失灵	(1) 调速器损坏。 (2) 接触器触点烧坏。 (3) 刹车开关损坏	(1) 更换调速器。 (2) 更换触点。 (3) 修复或更换刹车开关
充不进电	(1) 充电熔断器损坏。 (2) 整流桥损坏。 (3) 充电开关损坏	(1) 更换熔断器。 (2) 更换整流桥。 (3) 更换开关
刹车不正常	(1) 双刹不同步。 (2) 刹块磨损	(1) 调节两边后刹调节螺钉。 (2) 更换刹块
链条脱链	(1) 链条过松。 (2) 电动机调节倾斜	(1) 调整链条松紧度。 (2) 调整电动机角度
电动机不转或转动无力	(1) 电刷磨损。 (2) 换向器磨损或转子烧坏。 (3) 电动机烧坏	(1) 更换电刷。 (2) 更换转子。 (3) 更换电动机

五、货运电动三轮车线路图

货运电动三轮线路图如图 9-11 所示。

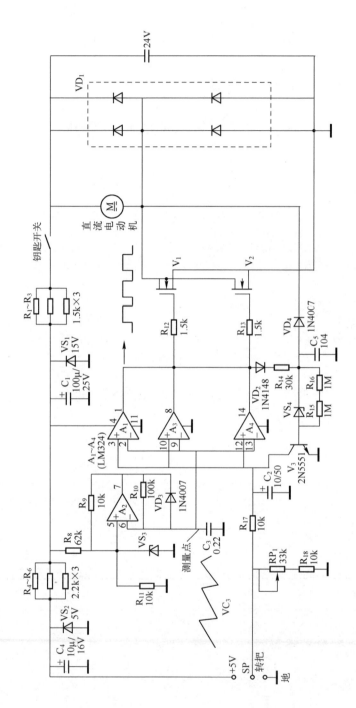

图9-11 货运电动三轮车线路图

第十章

电动自行车故障检修技巧和维修案例

阅读提示

本章首先介绍电动自行车维修的检修步骤和检修技巧，然后介绍电动自行车电气部件故障快速检测方法，重点对电动自行车常见故障检修方法进行介绍，并且列举了十多例电动自行车故障维修案例。通过阅读本章，读者能够掌握电动自行车的检修步骤和检修技巧。

第一节　电动自行车检修步骤和常用方法

电动自行车维修中，机械部分的检修比较简单，电气电路的维修相对复杂。要把电动自行车修好，维修人员除需掌握电气部分的基本原理、好坏判断、配件更换方法和正确的维修手段外，还应注意维修的步骤、检修思路及检修方法，使维修工作有条不紊地进行。

电动自行车维修分两步进行：一是查找故障；二是修理更换。

一、维修人员学习维修技术的步骤

1. 第一步

（1）掌握电动自行车的主要结构、各部分功能、基本工作原理和主要部件性能，能快速准确判断故障位置。

（2）能快速正确更换配套部件，比较熟练地用性能相近或更好的部件替换损坏部件。

（3）正确拆装电动机，清洁内部，对损坏的部件进行更换与维修。

（4）通过改装人力三轮车成为电动三轮车，掌握电动机驱动、调速、刹车、减振、车体等主要部分的功能要点。

（5）进一步掌握辅助部分，如灯具、电量显示、速度里程显示和喇叭等电器的连接。

2. 第二步

（1）了解铅酸蓄电池的基本构造，掌握反映其性能、使用、维护等有关名词术语的具体含义。

（2）能利用简易工具和简便方法，准确判断铅酸蓄电池的状态、性能指标和故障，分

析早期失效原因，确定维护还是更新。

（3）掌握蓄电池维护要领，熟练进行维修、补水（蒸馏水）、充放电和蓄电池配组。

（4）利用蓄电池修复仪，有针对性地对硫化铅酸蓄电池制定修复计划，然后进行修复。

3. 第三步

（1）掌握充电器、控制器的主要结构，熟知易损元器件的名称和主要指标。

（2）掌握用一般仪表测试易损元器件好坏的方法，并会检查测试与已损坏元器件可能同时损坏的元器件。

（3）用性能同样或接近甚至超过已损坏元器件的新元器件替换已损坏元器件。

4. 第四步

（1）在前面的基础上，能正确更换无刷电动机的控制器，判断是否损坏。

（2）掌握其他蓄电池的性能特点、使用方法和维护要点。

二、电动自行车故障检修的步骤

1. 询问用户

通过询问用户，获得第一手资料，将会给分析判断故障提供依据。

2. 观察故障现象

电动自行车的故障现象非常多，这里归纳为两类。

（1）软性故障：所谓软性故障，指的是故障有时出现，有时不出现，或者说故障的发生没有明显的规律可循。如控制器中的内部元器件脱焊，有时接触好，电动机正常运行；有时接触不好，电动机就会启动无力。此类故障必须先分析涉及的部件，测量相关的参数。如果一时无头绪，最简单也最有效的方法就是采用更换法排除故障。

（2）硬性故障：此类故障一旦发生便一直不变，故障范围不扩大、不转移。如断电闸把损坏，造成无法切断电动机电源，更换一个新闸把即可排除故障。此类故障比较好维修，一般只要了解一点理论知识就能做出正确判断。

3. 确定故障范围

根据故障现象判断引起故障的各种可能原因，并根据测量结果，大致确定故障范围。

维修时要采用最小化和先易后难的原则。简单的问题本身已最小化，复杂的问题要抓住问题的关键点，找到解决的突破口。如果一辆电动自行车旋转转把电动机不转，显示部分的工作也不正常，则可以先断开显示部分，只连接电动机、蓄电池与控制器即可，测量参数、分析原因并做相应处理，等电动机恢复正常运行后，再检查显示部分。

4. 找出故障部件并进行更换

确定故障范围后，检测出损坏的故障部件。根据损坏部件的型号，用同型号的部件更换即可。

三、电动自行车故障检修的方法

维修人员需熟练掌握电动自行车故障检修常用的方法，快速准确地判断故障部位。下面介绍电动自行车检修常用的方法。

1. 观察法

观察法是根据故障现象查找故障部位的方法。观察主要电路部件并进行检查，很多故障就可以快速确定故障部位，甚至可以直接找到故障点。例如，观察控制器附近的线束是否被烧坏，是否有短路、断路，通过观察这些故障现象可以很快找到故障部位。观察法检查故障如图 10-1 所示。

图 10-1　观察法检查故障

2. 测试关键点

判断出大致的故障范围之后，可以通过测试关键点的电压、电流和通断，并与正常时的情况进行对比，来进一步缩小故障范围。这一点至关重要，也是维修的难点，要求维修人员平时应多积累资料数据。

3. 测量电压法

测量电压是维修电动自行车最基本的检修方法之一，在维修中会经常用到，主要是测量电路或元器件的工作电压，以此来对故障部位和故障部件进行判定。

测量电压法是用万用表的电压挡检查电压有无或大小，再与正常状态下所测数值进行比较，以此来判断该电路的工作是否正常。测量电压法如图 10-2 所示。

图 10-2　测量电压法

测量电压又可分为测量交流电压和测量直流电压两种。测量交流电压就是用万用表的交流电压挡来测量电源的交流电压值。例如，用万用表交流电压挡测量充电器的电源输入端是否有 220V 交流电压；用直流电压挡测量充电器的直流电压输出端电压是否正常。

4. 测量电流法

测量电流法也是检修电动自行车的常用方法。例如，可以对电动自行车电动机空载电流进行测量，如果和正常值相比变化很大，则说明电动机有问题，进而对症下药，对其重点检查；也可用测量电流法判断充电器直流输出电流是否正常。测量电流法如图10-3所示。

图 10-3 测量电流法

5. 测量电阻及通断法

测量电阻及通断法也是电动自行车检修常用方法之一，主要是测量电路和元器件的对地电阻值和测量元器件本身的电阻值，这样就可以很容易地判定故障的所在。例如，用万用表蜂鸣器挡测量连接导线的通断十分方便。测量通断法检查故障如图10-4所示。

图 10-4 测量通断法检查故障

技术指导

测量电阻及通断时，务必关闭电源开关，切断电源后方可进行测量，以免损坏万用表。

6. 敲击法

敲击法是检修电动自行车很有效的方法之一，特别是对于虚焊和接触不良等引起的故障，如图 10-5 所示。用绝缘体，如木棍或橡胶棍，在加电或不加电的情况下，对有可能出问题的部位进行敲打和按压，就很容易地发现虚焊和接触不良等故障。对电动机电刷的检修也常用敲击法，敲击电动机时电动机转转停停，说明电刷有故障。

图 10-5 敲击法检查故障

7. 温度法

温度法就是用手直接去摸（应注意安全）被怀疑元器件的温度，根据温度的异常变化可很快地判断问题所在。有一定维修经验后，用这种方法可快速检查电动机和控制器是否工作正常。一般不工作时，电动机和控制器是没有温度的，工作时一般用手摸有温感而不烫手。

8. 代换法

代换法是电动自行车维修中经常使用而又行之有效的方法，是怀疑某个部件而又不易测试其性能好坏时采用新的部件代换的方法。例如，对电动自行车的转把、闸把、控制器可采用代换法，是否损坏，一换便知。

9. 拆除法

某些元器件或配件在电路中起辅助性作用，在豪华型电动自行车电路中可有可无，对它们的维修可采用拆除法。例如，在检查故障时可先拆下闸把，缩小故障范围，等故障排除后再安装上闸把。

10. 修改电路法

修改电路法是指某些电路损坏或配件不易购买，但又不好维修时所采用的维修方法。例如，在更换电动自行车控制器时，如果一时购买不到相同的控制器，可对现有的控制器进行改造使用。但修改电路时必须在熟悉电路原理与结构后才能进行。又如，对电动自行车转把与断电刹车进行检修时，有一部分电动自行车转把与断电刹车电路是通过仪表电路过渡的，维修时可对转把和断电刹车电路重新进行走线。

第二节 电动自行车电气部件故障的快速检测技巧

在电动自行车检修中，维修人员如何快速准确地判断电气部件的故障是检修的关键。本节介绍电气部件故障的快速检测方法。

一、电动机故障的快速检测技巧

（1）打开电源，电动机空转时，检查是否有杂音，观察电动机的转速。

（2）不通电，将电动机的相线短路，用手转动电动机，电动机应很重；如果电动机转动很轻且正常，说明电动机有故障。

（3）断开电动机引线，用万用表的蜂鸣器挡测量是否导通，通为好，不通则坏。

（4）对于有刷电动机，电动机转速低、电动机不转的故障，可以对电动机直接通电试转，如果电动机高速运转，则说明电动机正常，否则说明电动机有故障。

（5）对于无刷电动机，用数字万用表的蜂鸣器挡测量电动机的 3 根相线，应为导通状态，否则说明电动机线圈有故障。

（6）对于无刷电动机，用数字万用表的二极管挡检查 3 个霍尔元件的阻值是否正常。如果霍尔元件击穿损坏，则正、反向电阻均为 0Ω。

二、控制器故障的快速检测技巧

（1）检查控制器及引线是否有异味、烧坏的痕迹。

（2）用万用表的直流电压挡测量控制器 5V 输出是否正常。

（3）如果是有刷控制器，旋动转把，测量控制器的输出线是否有与蓄电池组基本一致的直流电压输出。

（4）如果是无刷控制器，可用万用表的二极管挡测量控制器的黑色负极线对相线（蓝、绿、黄）的电压，读数约为 0.550mV，否则说明控制器损坏。

（5）如果是无刷控制器，旋动转把，测量控制器的输出线 AB、BC、AC 之间是否有交流电压输出，而且读数基本一致。

三、蓄电池故障的快速检测技巧

（1）检查蓄电池外壳是否有变形、漏液、电解液发黑现象。

（2）检查蓄电池接线端子是否损坏。

（3）用万用表的电压挡测量三个蓄电池的开路电压，看是否为 10.5～12.8V。

（4）用蓄电池容量检测表测量单个蓄电池，看是否低于 10.5V 红色刻度。

（5）用 LY-5 蓄电池容量精密测试仪按 2h 率放电标准检测蓄电池放电时间。

（6）用比重计测量蓄电池电解液的比重，在蓄电池电量充足的情况下，比重应为 1.28g/L 以上，越高越好。

四、充电器故障的快速检测技巧

（1）将充电器插上交流电源，观察充电器的指示灯是否正常。

（2）检查充电器及连线是否有异味或有烧坏痕迹。

（3）用万用表电压挡检查充电器的输入、输出电压是否正常。

（4）用万用表的电阻挡检查充电器电源线和输出线是否断路。

（5）用万用表的直流 20A 电流挡检查充电器输出电流是否为额定值。

五、霍尔元件故障的快速检测技巧

（1）测量电压法。打开电源锁，让控制器给霍尔元件供电。首先使用万用表的直流 20V 电压挡测量霍尔元件的红、黑线是否有 5V 左右的电压。如果有，进行下一步测量。用手慢慢转动电动机，用黑表笔接霍尔地线，红表笔接霍尔蓝、绿、黄信号线，正常情况下测量数据如下：

➢ 蓝线：0→5V→0→5V
➢ 绿线：0→5V→0→5V
➢ 黄线：0→5V→0→5V

如果测量结果不符合以上数据，则说明该霍尔元件损坏。

（2）不通电，用数字万用表的二极管挡测量，红表笔接霍尔元件的黑色负极线，黑表笔依次接霍尔元件的蓝、绿、黄色引线，读数应为500左右时，否则说明霍尔元件损坏。

（3）用LY-2无刷电动车综合检测仪检测霍尔元件，观察霍尔检测指示灯，如果指示灯常亮或不亮，则说明霍尔元件损坏，如图10-6所示。

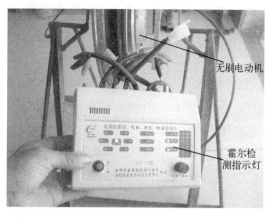

图10-6 LY-2无刷电动车综合检测仪检测霍尔

六、继电器、转换器故障的快速检测技巧

1. 继电器

先检查继电器好坏。开、关电源锁，若继电器发出轻微的声音，则说明继电器是好的；若没声音，则说明继电器已坏，需要更换继电器。

2. 转换器

（1）观察法

打开电源，如果发现喇叭不响、大灯不亮及转向灯不亮，则说明转换器已坏或灯泡烧毁及线路有故障。如果单独出现喇叭不响，或者大灯不亮，则要查看线路是否接触良好。

（2）测量电压法

首先用万用表的直流电压挡测量转换器的输入电压，应与蓄电池组电压一致；然后测量转换器的输出电压，应为12V，否则说明转换器损坏。测量电压法检测转换器如图10-7所示。

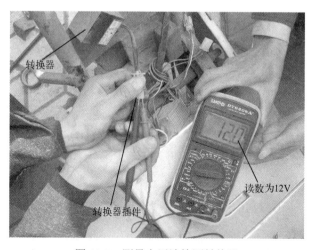

图10-7 测量电压法检测转换器

七、电源锁故障的快速检测技巧

（1）打开电源锁，仪表没显示，蓄电池电压正常，其他线路正常，可以判断电源开关已损坏，或者电源锁线开焊。

（2）如果是第一挡没电，第二挡有电，则可能是：第一挡上焊点开焊；电源锁损坏。

（3）用导线或镊子短接电源锁插件的两条引线，如果仪表上有电，电动自行车工作，则说明电源锁损坏。

（4）首先用万用表的直流电压挡测量电源锁的红色进线，有与蓄电池组一致的电压；然后打开电源锁，测量发现电源锁的输出线无电压，说明电源锁损坏。

第三节　电动自行车常见故障的检修方法

一、全车没电，表盘不显示，电动机不转故障的检修方法

（1）用万用表的直流 200V 电压挡测量蓄电池盒充电端子是否有电压，如图 10-8 所示。如果没电压，检查蓄电池盒内熔断器是否烧断，连线是否断路。

图 10-8　测量蓄电池盒充电端子

（2）关闭电源，用万用表的蜂鸣器挡检查电源锁是否相通，如图 10-9 所示。如果不通，则表明电源锁坏，应更换电源锁；如果通，则检查插件或线路。

（3）用万用表检查蓄电池盒下面两触点是否有电压，并检查触点是否损坏或氧化，如图 10-10 所示。如果接触不良，则用砂布打磨或更换接触点。

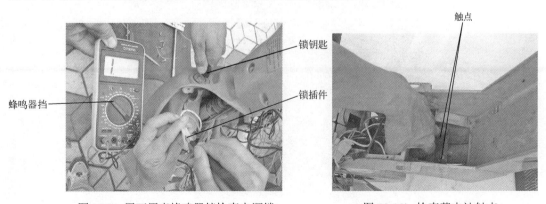

图 10-9　用万用表蜂鸣器挡检查电源锁　　　图 10-10　检查蓄电池触点

二、表盘电源显示正常，电动机不转故障的检修方法

（1）去掉断电刹车线，转动转把试车。如果电动机旋转，则说明断电刹车有故障，应更换断电刹车。去掉断电刹车线示意图如图 10-11 所示。

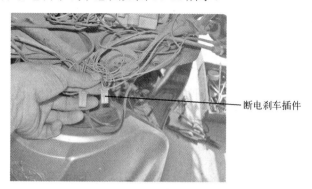

图 10-11　去掉断电刹车线示意图

（2）检查转把。用万用表的直流电压挡测量转把 5V 电压是否正常，如图 10-12 所示。如果不正常，则说明控制器 5V 供电坏，应更换控制器。如果有 5V 电压，转动转把测量转把信号线是否有 1～4.2V 电压，如果无此电压，则说明转把坏，应更换转把。

图 10-12　测量转把电压

（3）如果测量转把正常后，电动机仍不转，用万用表的直流电压挡测量控制器与电动机相连引线是否有 0～40V 电压，如果无电压，则说明控制器坏，应更换控制器，如图 10-13 所示。

图 10-13　测量控制器的输出电压

三、打开电源锁，电动机高速运转（飞车）故障的检修方法

（1）打开前头罩，检查红、蓝两条转把引线是否烧坏。用万用表的电压挡测量转把信号线与地线之间是否有 5V（不转转把）电压，如果有，则说明调速转把坏，应更换调速转把，如图 10-14 所示。

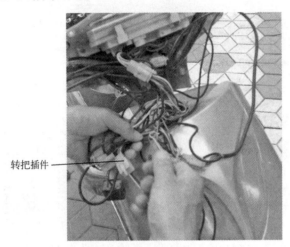

图 10-14 检查转把

（2）如果更换调速转把后造成飞车，则应检查调速转把红、黑两根引线是否短路，黑色地线是否断路。

（3）拔掉控制器与电动机连接线，用万用表测量控制器输出端，如果无 40V 左右的电压，则表明控制器坏，应更换控制器。更换控制器示意图如图 10-15 所示。

图 10-15 更换控制器示意图

四、打开电源锁就烧熔断器故障的检修方法

（1）检查蓄电池盒内的电源线是否短路，熔断器座是否接触不良，如图 10-16 所示。

（2）断开控制器的电源输入端，打开电源锁，查看是否烧熔断器。如果熔断器已烧坏，则可能是大灯电路部分短路、电源锁内短路或喇叭电路部分短路，还有可能是仪表电路部分短路，需分别检查排除，如图 10-17 所示。

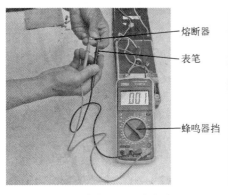

图 10-16 检查蓄电池盒内熔断器

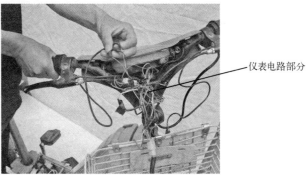

图 10-17 检查仪表电路部分

（3）如果不能排除故障，可以把控制器供电端插好，断开控制器的输出端（电动机端），打开电源锁，查看是否烧熔断器。如果还烧熔断器，则控制器有故障，应更换控制器。

（4）如果不再烧熔断器，则电动机内部短路，需打开电动机检查予以排除，如图 10-18 所示。

（5）如果熔断器选用不当，也会引起频繁烧熔断器，一般 36V 车蓄电池盒使用 20A 熔断器，48V 车蓄电池盒使用 30A 熔断器。

图 10-18 电动机部分短路测量

五、电动机转速低，没有力量故障的检修方法

（1）用万用表的电压挡检查蓄电池电压，36V 车应有 36V 以上电压，48V 车应有 48V 以上电压，如图 10-19 所示。如果电压不足，需重新给蓄电池充电。

图 10-19 用万用表测量蓄电池电压

（2）检查调速转把旋转时是否有 1～4.2V 电压变换，如图 10-20 所示。如果不正常，则说明调速转把坏，应清洗或更换转把内磁钢，或者更换调速转把。

（3）更换转把后故障不能排除，应更换控制器，如图 10-21 所示。

（4）更换控制器后如果不能排除故障，应检查电动机内电刷和电刷架是否损坏、换向器是否损坏，损坏则予以更换，如图 10-22 所示。

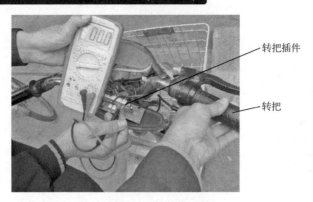

图 10-20　检测转把

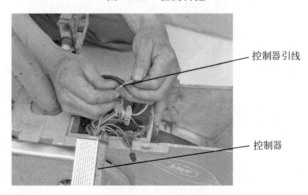

图 10-21　检查控制器

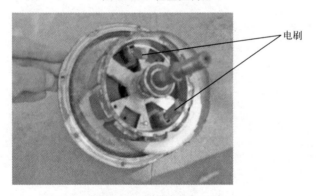

图 10-22　检查电动机故障

六、电动机时转时停的检修方法

（1）检查电源锁是否接触不良或损坏，损坏则更换电源锁，如图 10-23 所示。

（2）测量蓄电池插头是否有正常电压（36V 车为 40V 左右，48V 车为 52V 左右）。如果电压不足，则应给蓄电池充电。

（3）检查蓄电池插头是否接触不良，是则更换插头，如图 10-24 所示。

（4）检查蓄电池连接线、熔断器与熔断器座是否接触不良，如图 10-25 所示。

（5）检查刹车断电开关是否接触不良，是则调整或更换，如图 10-26 所示。

（6）检查调速转把是否损坏，引线是否有接触不良现象，如图 10-27 所示。

第十章 电动自行车故障检修技巧和维修案例

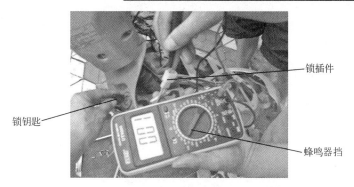

图 10-23　检查电源锁

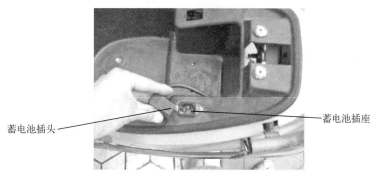

图 10-24　检查蓄电池插头

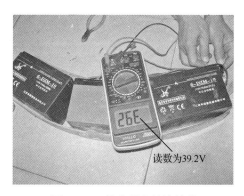

图 10-25　检查蓄电池连接线

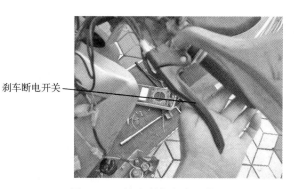

图 10-26　检查刹车断电开关

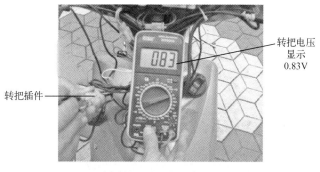

图 10-27　检查调速转把

| 197 |

（7）检查电动机内电刷是否磨损，绕组是否虚焊。维修时，可用木棒轻轻敲打电动机外壳，如果电动机时转时停，则表示电动机内电刷有故障，如图10-28所示。

图10-28　检查电动机

七、电源锁故障的检修方法

（1）如果电源锁用钥匙转动不灵活，可将铅笔芯粉注入钥匙孔内，左右旋转钥匙即可，如图10-29所示。

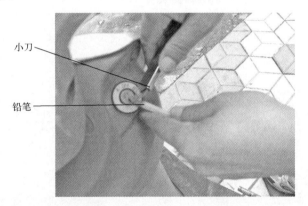

图10-29　将铅笔芯粉注入钥匙孔内

（2）如果电源锁打开后整车没电，应检查电源锁连线和锁头的焊点是否断开，是则重新把连线接好和焊好焊点。

（3）拆卸蓄电池插头，打开电源锁，用万用表的蜂鸣器挡测量电源锁两条引线是否导通，如果不通，则表明电源锁坏，应更换电源锁。更换电源锁如图10-30所示。

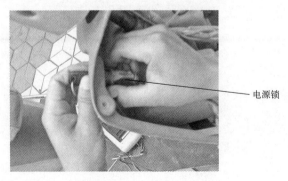

图10-30　更换电源锁

八、无刷电动自行车电动机抖动故障的检查方法

（1）检查电动自行车蓄电池电压，无刷电动机蓄电池电量不足时会抖动。
（2）检查转把插件是否接触不良，是则维修或更换新转把。
（3）检查电动机霍尔元件是否损坏。
（4）检查电动机相线和霍尔线接插件是否接触不良，如图 10-31 所示。

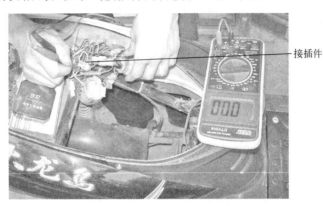

图 10-31　检查电动机插件线

（5）检查电动机内是否有某个霍尔插件损坏而造成电动机缺相，如图 10-32 所示。

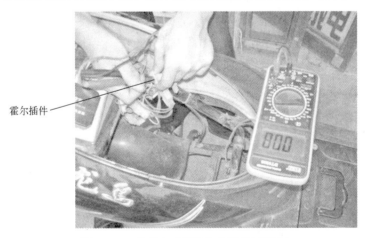

图 10-32　检查电动机霍尔插件是否损坏

九、电动机声音不正常故障的检修方法

（1）用手转动电动机检查轻重情况。如果电动机轴承损坏，电动机运转不灵活，打开电动机，更换轴承即可排除故障，如图 10-33 所示。
（2）打开电动机检查磁钢是否松动脱落，是则重新用 AB 胶粘牢，如图 10-34 所示。
（3）检查电动机定子、转子是否有扫膛现象，如图 10-35 所示。
（4）检查换向器表面是否有氧化、烧蚀、不平或松动，如果损坏严重，则更换换向器，如图 10-36 所示。

图 10-33　检查电动机轴承

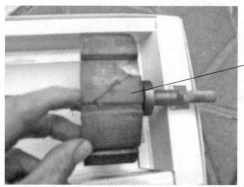

图 10-34　粘牢磁钢

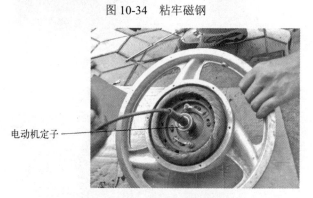

图 10-35　检查电动机定子

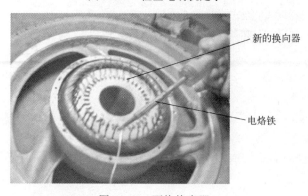

图 10-36　更换换向器

(5) 检查电刷及电刷架是否损坏,是则更换新件,如图10-37所示。

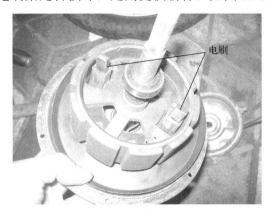

图10-37 检查电刷

十、充电器一插就为绿灯故障的检修方法

(1) 检查充电器是否有电压。36V 充电器应有 42V 左右的电压;48V 充电器应有 56V 左右的电压;60V 充电器应有 72V 左右的电压,如果无电压,则说明充电器损坏,如图10-38所示。

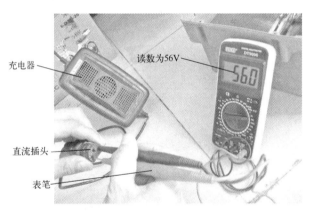

图10-38 检查充电器电压

(2) 检查充电端子与充电器是否接触不良,如图10-39所示。

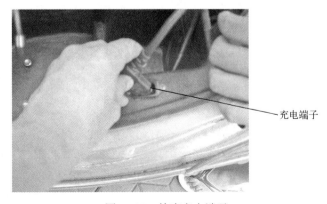

图10-39 检查充电端子

（3）检查蓄电池盒熔断器是否烧断，蓄电池连线是否断裂，如图10-40所示。

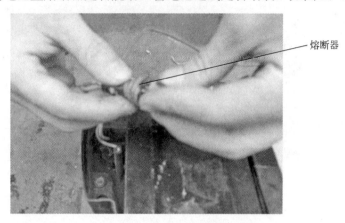

图10-40　检查蓄电池盒熔断器

十一、电动自行车续行里程少故障的检修方法

（1）蓄电池故障

① 在冬季，电动自行车续行里程减少属于正常现象，这主要是由于低温引起铅酸蓄电池容量下降造成的。

② 检查蓄电池寿命是否接近终止临近寿命期，是则内阻会变大，极板会发生硫化，如图10-41所示。

③ 由于充电器有故障，造成蓄电池变形。

④ 充电器输出电压低，造成蓄电池充电不足。

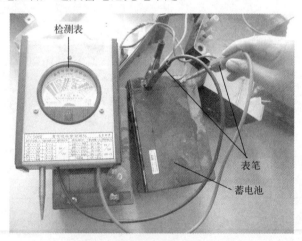

图10-41　检测蓄电池

（2）控制器故障

控制器发生故障会引起输出电流增大，使电动自行车续行里程缩短，应更换控制器。

（3）电动机故障

① 有刷电动机使用一年后，电动机电刷发生磨损、炭粉过多造成续行里程短，更换电刷，清除炭粉，如图10-42所示。

② 电动机磁钢脱落、磁钢退磁造成车速低，用 AB 胶重新粘牢磁钢。
③ 电动机轴承损坏，更换轴承。

图 10-42　清除炭粉

十二、充电器充电时不转绿灯故障的原因

（1）蓄电池失水过多。
（2）充电器电压较高，会引起电流不降反升，导致蓄电池严重发热，形成恶性循环，充电器始终处于高压阶段，绿灯不亮。
（3）在蓄电池中加入了含铁、锰、铜等杂质的液体，导致蓄电池严重自放电，引起充电电流不降反升。
（4）蓄电池内部有轻微短路。
（5）充电器转灯电流太低，对有轻微故障的蓄电池会造成不转绿灯现象。

十三、控制器元器件烧坏的原因

（1）在使用过程中，电源的正、负极接反。
（2）控制器内进水、短路造成元器件烧坏。
（3）控制器线路板上元器件损坏。
（4）控制器线路板上元器件脱焊、虚焊。

十四、电动机内电流过大的原因及检修方法

（1）定位磁钢偏离，应重新黏合磁钢。
（2）电刷间的间隙不均匀，应校正电刷间隙。
（3）蓄电池正、负极之间有短路现象，应排除短路。
（4）电动机匝间短路，应重新绕线或更换电动机。
（5）换向器片短路，应打磨换向器片或更换新件。
（6）电动机轴承损坏，应更换轴承。
（7）电动机定子、转子扫膛。

第四节　电动自行车故障维修案例

案例一、上海立马60V电动自行车充电端子坏，充不进电

如图10-43所示为立马电动自行车充电端子。此端子损坏后，由于配件不通用，市场上不好购买，于是对充电端子和充电器插头进行改制，改为N、L和地线三相插头，如图10-44所示，并检查充电器与充电端子正、负极接线是否正确。接好后试车正常。

图10-43　立马电动自行车充电端子

图10-44　N、L和地线三相插头

案例二、上海立马48V电动自行车，灯具、喇叭均不工作

打开后车座，找到转换器，用万用表测量大灯、左右转向灯及喇叭供电均无电压，此车灯具部分电压由蓄电池电压经12V转换器提供。首先打开电源锁，用万用表直流200V挡测量转换器的红、黑输入线，有50.6V电压，说明转换器输入供电正常。然后测量转换器黄、黑输出线，无12V电压，说明转换器烧坏。更换转换器后试车，灯具、喇叭各部分正常。测量转换器红、黑线电压如图10-45所示。测量转换器黄、黑线电压如图10-46所示。

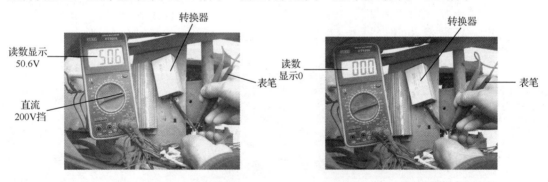

图10-45　测量转换器红、黑线电压　　　　图10-46　测量转换器黄、黑线电压

案例三、绿佳48V无刷电动自行车，表盘上有电压，电动机不转

检查转把，5V供电正常。转把信号输出无电压，电动机不转，更换控制器试车，电动机仍不转。用万用表的蜂鸣器挡测量信号线，发现信号线已断，重新用新线走线，把转把线接好，故障排除。用万用表的蜂鸣器挡检查示意图如图10-47所示。

案例四、大阳48V无刷电动自行车，表盘上有电压，电动机不转

用木棒轻轻击打电动机，电动机会旋转，但转动缓慢。怀疑电动机缺相或霍尔元件损

坏，用数字万用表的二极管挡测量霍尔元件各引脚对地电阻值，发现信号引脚正常，电源供电脚阻值变为无穷大。从电动自行车上卸下电动机，打开电动机外壳，找到三个霍尔元件。发现有一个霍尔元件两引脚相碰。此电动机的三个霍尔元件焊接在一个小电路板上，电路板铜箔有烧断痕迹。对三个霍尔元件进行更新，首先拆卸三个旧霍尔元件，观察三个霍尔元件的安装位置，中间一个霍尔元件是反转 180°放置，其他霍尔元件字面朝上。拆卸旧霍尔元件及小电路板，用导线把三个霍尔元件重新进行焊接，焊接好后用 AB 胶对霍尔元件进行固定。把电动机复原，装车试机，电动机旋转正常。用万用表检查霍尔元件示意图如图 10-48 所示。

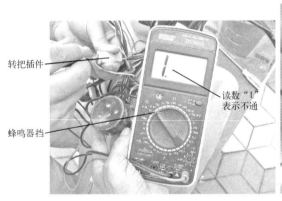
图 10-47 用万用表的蜂鸣器挡检查示意图

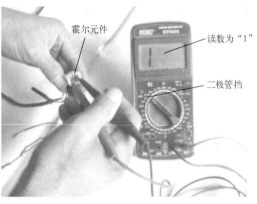
图 10-48 用万用表检查霍尔元件示意图

案例五、绿源 36V 有刷电动自行车，电动机不转

打开电动机，发现电刷磨损严重，对电刷进行更换，发现换向器中间有一道槽，这就是电刷损坏的原因。对换向器同时进行更换，故障排除，如图 10-49 所示。

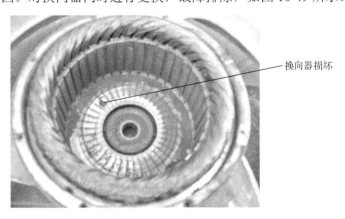
图 10-49 损坏的换向器

案例六、吉祥狮 48V 有刷电动摩托车，车速慢

用万用表测量控制器与电动机连线的电压，结果电压值为 28V，进一步测量转把 5V 电压，正常。转动转把，测得转把信号线与地线电压为 1~2.5V，达不到 4.2V，更换新转把后车速正常。

案例七、爱玛无刷电动自行车转把坏

爱玛无刷电动自行车转把归回原位后电动机（车轮）慢转不停，其他正常。

故障现象表明故障发生在转把上，用新转把更换后故障排除。可用以下方法检测转把好坏：将转把上的红线（+）和黑线（-）接 5V 直流电压，绿线和黑线接万用表的电压挡，这时电压应为 0.8V 左右。当转动转把时，表上的电压应随转把的转动角度在 0.8~4.2V 之间变化，否则说明转把已损坏。转把上使用的霍尔元件属线性磁感元件。如果更换转把后电动机高速旋转，说明转把线接反，这时将红线和绿线对调即可。如果转把黑线断，车轮就会出现高速旋转现象。

案例八、爱玛有刷车飞车

打开电源锁，飞车，几分钟后电动机不转，转动转把无反应。

查看转把三根引线，用万用表测得 5V 供电电压正常，信号线无输出电压，判断转把因短路而烧坏，更换新转把后正常。

案例九、新日 48V 无刷车，骑行中电动机突然不转

打开电源锁试车，电动机抖动，用手扳动有滞重感。

打开控制器检查，发现控制器附近引线有短路现象。排除后试车，电动机故障依旧。用万用表检查控制器，正常。然后对电动机进行检查，电动机霍尔元件阻值为 10kΩ 左右，正常。打开电动机检查，电动机线圈正常，霍尔元件无异常，进一步检查发现电动机磁钢有生锈现象。进行打磨清理，把电动机重新装好，故障排除。

案例十、蓄电池漏液造成表盘上有电，电动机不转

测得蓄电池组有 40V 电压输出。检查转把、控制器和电动机，均正常。打开蓄电池盒，发现此车刚换过蓄电池不久，由于蓄电池装反，上盖向下，造成蓄电池漏液，蓄电池连线被腐蚀，造成空载时有电压，负载时电动机不转。对蓄电池漏液进行处理，把蓄电池重新放正，焊好蓄电池连线，故障排除。

案例十一、小刀 36V 有刷车，有电不走车

测得蓄电池电压为 40V。更换转把后车仍不转。测得转把 5V 电压供电正常，信号线有 1~4V 电压变化，拆卸刹车线，测控制器输出无电压，更换控制器后正常。

案例十二、48V 雅迪有刷车全车无电

打开电源锁整车无电。先打开蓄电池盒，用钥匙拆卸蓄电池盒，测蓄电池插头，无电压。再打开蓄电池盒，发现熔断器座已损坏，更换 30A 熔断器座后试车正常。

案例十三、比德文 48V 无刷车，供电有时有、有时无

转动钥匙发现有时有电，有时无电。钥匙转动灵活，无接触不良现象。打开踏板检查控制器附近线束，发现电动机的三根相线插头处破皮相连，造成控制器短路保护。用绝缘胶带缠绕好，打开钥匙供电正常。

案例十四、飞鸽 36V 车表盘上有电压电动机却不转

用万用表测控制器电源输入端有电压。转动转把测控制器输出端无电压。进一步测得转把 5V 供电电压正常，转把信号电压为 1~4V，正常。从而判断控制器损坏，打开控制器外壳，发现有一铜箔被烧断。用导线将其连接，重新安装控制器试车，电动机旋转正常。

案例十五、爱玛 48V 无刷车，转动转把电动机有时转有时不转，转动时电动机无力

爱玛 48V 无刷车如图 10-50 所示。用万用表测转把部分电压，正常。测电动机霍尔供电电压，无 5V 电压输出，用螺丝刀敲打控制器附近线束，测量霍尔供电，有 5V 电压，说明线路插件接触不良。剪掉插件，将导线直接连接，并用电烙铁焊接，电动机转动正常。

图 10-50　爱玛 48V 无刷车

案例十六、凤凰 48V 无刷车骑行中突然振动一下，电动机转速低

根据故障现象判断为霍尔引线接触不良或霍尔缺相。打开控制器，发现霍尔信号线有一根断开，用插件将线接好，试车电动机旋转正常。

案例十七、雅迪 48V 无刷车电动机无力

打开电动机，发现电动机定子移位，引起电动机定子与转子相碰，并造成电动机霍尔引线断开。观察电动机定子，定子定位销松动，造成定子移位。把电动机定子夹入老虎钳，对定子进行校位，锁紧；更换三个霍尔元件，装复电动机后试车正常。

附录 A   *appendix* A

豪华型电动自行车线路图

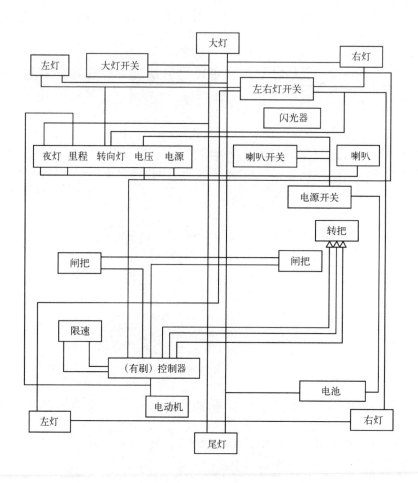

附录 B *appendix B*

仪表面板与外部接线图（1）

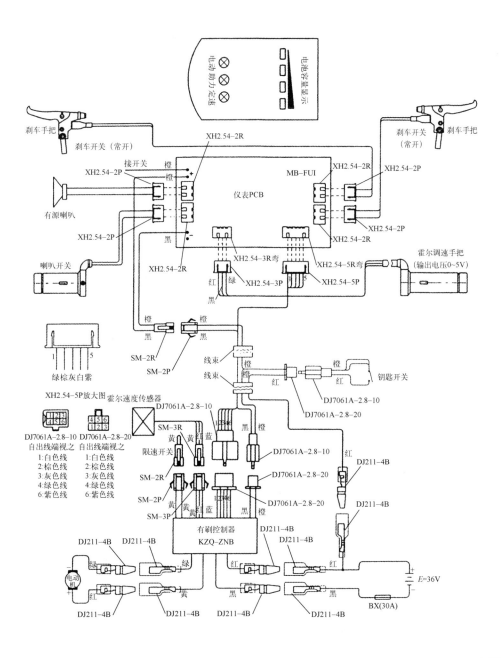

附录 C *appendix*

仪表面板与外部接线图（2）

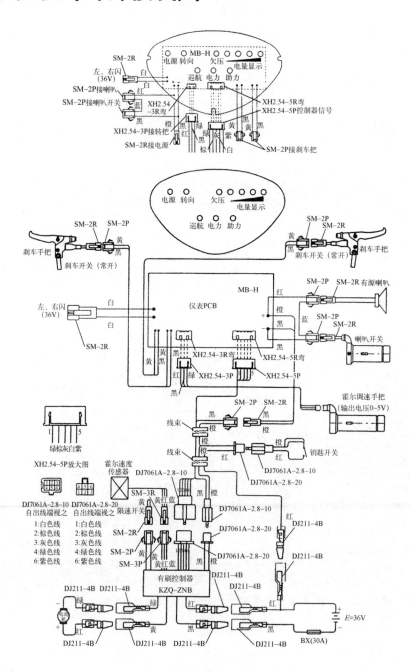

附录 D *appendix*

千鹤 TDL230Z 型电动自行车整车电气接线图

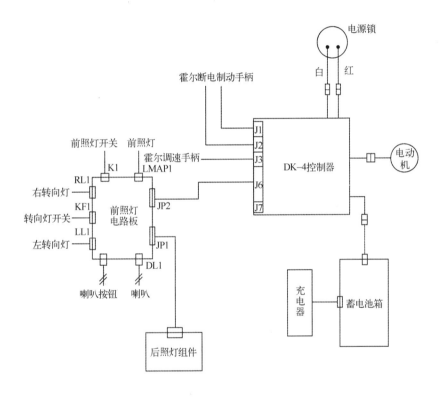

附录 E

轻摩款整车线束图（1）

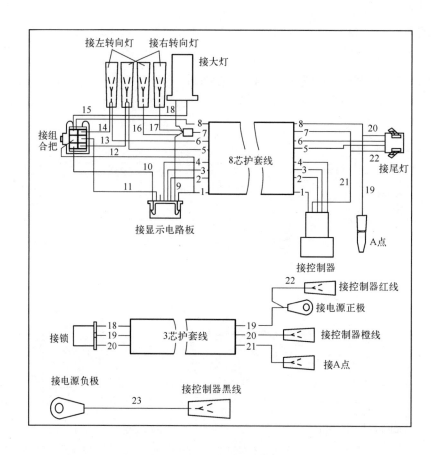

附录 F

轻摩款整车线束图（2）

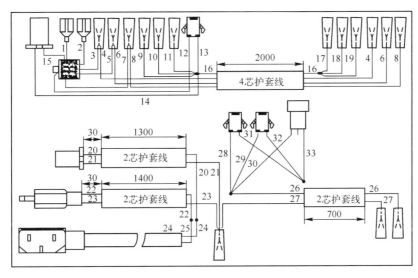

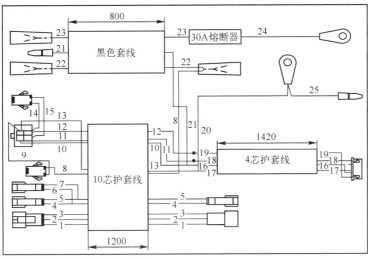

附录 G

老年系列电动三轮车电路图

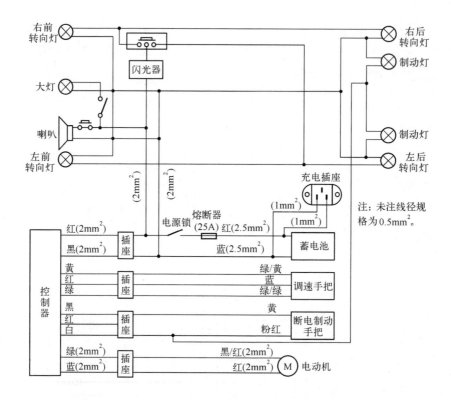

附录 H *appendix*

电动三轮车电路图

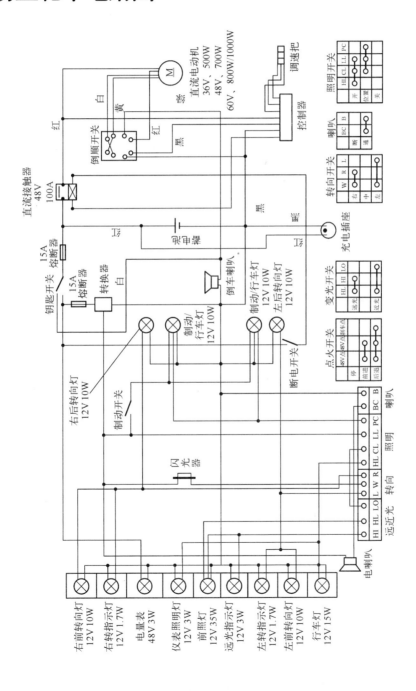

| 215 |

附录 I *appendix I*

电动自行车常用维修工具和配件表

工具、仪器类

名　称	名　称	名　称
电烙铁	防水胶带	活动扳手 10～250
吸锡器	20 克 AB 胶	6 号尖嘴钳
剥线钳	数字万用表	6 号斜口钳
松香	表笔	8 号老虎钳
焊锡丝	拉力器	LY-2 无刷电动车综合检测仪
20A 铜电池夹	电容表	LY-1 蓄电池容量检测表
鳄鱼电池夹	2.5 内六方扳手	LY-3 电动车四大件检测仪
尼龙扎带 3mm×100mm	手电钻	LY-4 便携式蓄电池修复仪
尼龙扎带 3mm×200mm	壁纸刀	LY-5 蓄电池容量精密测试仪
塑料胶带	方形钻头	LY-6 五合一智能脉冲修复仪
烙铁架	小号两用螺丝刀	LY-7 蓄电池智能脉冲修复仪
热熔胶枪	大号螺丝刀	LY-8 蓄电池智能脉冲修复仪
热熔塑料棒	维修手锤	LY-9 多功能蓄电池检测修复组合柜
带风塑料焊枪（700W）	8～10mm 死扳手	LY-10 蓄电池检测修复组合系统
平头烙铁头	10～12mm 死扳手	LY-11 蓄电池放电仪
尖头烙铁头	17～19mm 死扳手	LY-12 大蓄电池修复机
50W 烙铁芯	套筒扳手	
9V 电池	3mm×150mm 小号一字螺丝刀	

配件类

名　称	名　称	名　称
36V 250W 有刷控制器	48V 250W 无刷万能控制器	48V 20A 品字头充电器
36V 350W 有刷控制器	48V 350W 无刷万能控制器	48V 32A 品字头充电器
36V 500W 无刷控制器	48V 500W 无刷万能控制器	60V 20A 品字头充电器
48V 350W 无刷控制器	48V 1000W 无刷万能控制器	60V 32A 品字头充电器
48V 350W 有刷控制器	3144 霍尔元件	72V 30A 品字头充电器
48V 500W 有刷控制器	48V 12A 品字头充电器	巧格锁

续表

名　　称	名　　称	名　　称
小沙套锁	（长）偏支架	朝阳 18×2.50 内胎
凌英套锁	白色车筐	朝阳 22×1.75 内胎
坐垫锁	黑色车筐	朝阳 24×1.75 内胎
内箱锁	55V 10W 单点灯泡	普通 300×10 内胎
尾箱锁	55V 15W/15 高低角灯泡	正新 16×2.125 内外胎
千鹤大小头锁	55V 18/18 带盘	正新 16×2.5 内外胎
大龟王锁	55V/15W 单点灯泡	正新 22×1.75 内外胎
普通转把	12V 18/18 平角	正新 24×1.75 内外胎
鼓肚转把	12V 15W/15 高低角	正新 18×2.125 内外胎
高、中、低转把	12V 10W 单点	正新 16×3.0 内外胎
单点开关	巡航转把	通用防盗器
三点开关	倒车、前进转把	断电防盗器
二孔胶木刷架	方、圆充电端子	2m 后刹车线
四孔胶木刷架	防水闸把	小沙前后刹线
二孔铜刷架	半铝闸把	古新前后刹线
四孔铜刷架	全铝闸把	空气开关
唐泽 90 抱闸	小沙闸把	方充电线
唐泽 100 抱闸	大、中、小电源锁	圆充电线
唐泽 90 胀闸	凌英闸把	48V 继电器
唐泽 100 胀闸	熔断器 30A 3cm	无刷电动机引出线
唐泽带锁胀闸	熔断器 20A 3cm	手刹断电开关
90 抱闸皮	熔断器 3A 2cm	L 型锁
凌英后减振	熔断器 2A 2cm	五星脚蹬
小沙前减振	熔断器 5A 2cm	换向器
1.25m 前刹车线	熔断器座	助力器
12～100V LED 射灯	12V 铁喇叭	12V 10W 双平
电动自行车电刷	36V 铁喇叭	55V 10W 双平
三轮车电刷	48V 铁喇叭	48V 10W 单点
6000 轴承	12V 闪光器	48V 真空泡
6001 轴承	36V 闪光器	12～100V LED 超亮大灯泡
6002 轴承	48V 闪光器	电动车后双撑 16/18/20/22/24（in）
6100 轴承	12V 塑料喇叭	小沙压力轴承
6200 轴承	36V 塑料喇叭	普通压力轴承
6201 轴承	48V 塑料喇叭	48V 骑士组合仪表
6202 轴承	三轮车倒车镜	小沙组合开关
朝阳 16×2.125 内胎	普通倒车镜	凌英组合开关
朝阳 16×2.5 内胎	菱形倒车镜	大号 U 型锁
48V/84V 铝壳转换器	圆形倒车镜	自行车钢丝锁
48V/60V 塑壳转换器	朝阳 16×3.0 内胎	
（短）偏支架	朝阳 18×2.125 内胎	

蓄电池、电动机类

名称	参数
超威电池（原装专用）	48V/12A·h
超威电池（原装专用）	48V/20A·h
超威电池（原装专用）	48V/32A·h
超威电池（原装专用）	60V/20A·h
超威电池（原装专用）	60V/32A·h
超威电池（原装专用）	72V/20A·h
天能电池	48V/12A·h
天能电池	48V/20A·h
天能电池	48V/32A·h
天能电池	60V/20A·h
天能电池	72V/20A·h
无刷电动机	48V 16in，350W 辐条式
无刷电动机	48V 14in，350W 轮毂式
无刷电动机	48V 14in，500W 轮毂式
无刷电动机	48V 10in 电动摩托车，500W 轮毂式
无刷电动机	48V 10in 电动摩托车，800W 轮毂式
无刷电动机	48V 10in 电动摩托车，1000W 轮毂式

充电器控制器常用电子元器件

品名	品名
LM7805 三端稳压	10kΩ 电阻
LC3842 集成块	24Ω 电阻
13009 三极管	30kΩ 电阻
1N5399 二极管	5.1kΩ 电阻
1N4007 二极管	100Ω 电阻
1RF840 代 630	150kΩ 电阻
6A 方桥堆	5.6kΩ 电阻
红色发光二极管	1kΩ 电阻
白发红二极管	220kΩ 电阻
1W/10Ω 电阻	25V 1000μF 电解电容
3W/0.1Ω 电阻	100V 1000μF 电解电容
5W/360Ω 电阻	63V 470μF 电解电容
5W/330Ω 电阻	63V 220μF 电解电容
27Ω 电阻	10V 4600μF 电解电容
100kΩ 电阻	75N75 场效应管
9.1kΩ 电阻	TL494 集成块
4.7kΩ 电阻	DF06M 集成桥